教育部人文社会科学研究一般项目“税制改革视角下的企业税收遵从：实证评估与政策研究”
（批准号：19YJA790039）研究成果

西南财经大学 2022 年度中央高校基本科研业务费专著出版资助项目（JBK2204007）

企业税收遵从研究

税制改革
与制度环境的视角

李建军 范源源 等 著

中国财经出版传媒集团
中国财政经济出版社

图书在版编目（CIP）数据

企业税收遵从研究：税制改革与制度环境的视角／李建军等著．—北京：中国财政经济出版社，2022.11

ISBN 978-7-5223-1727-4

Ⅰ.①企… Ⅱ.①李… Ⅲ.①企业管理－税收管理－研究－中国 Ⅳ.①F812.423

中国版本图书馆CIP数据核字（2022）第196927号

责任编辑：闫 娟　　　　责任校对：张 凡

封面设计：陈宇琰　　　　责任印制：刘春年

企业税收遵从研究：税制改革与制度环境的视角

QIYE SHUISHOU ZUNCONG YANJIU：SHUIZHI GAIGE YU ZHIDU HUANJING DE SHIJIAO

中国财政经济出版社 出版

URL：http：//www.cfeph.cn

E-mail：cfeph@cfeph.cn

社址：北京市海淀区阜成路甲28号　邮政编码：100142

营销中心电话：010-88191522

天猫网店：中国财政经济出版社旗舰店

网址：https：//zgczjjcbs.tmall.com

北京财经印刷厂印刷　各地新华书店经销

成品尺寸：170mm×240mm　16开　12.25印张　187 000字

2022年11月第1版　2022年11月北京第1次印刷

定价：60.00元

ISBN 978-7-5223-1727-4

（图书出现印装问题，本社负责调换，电话：010-88190548）

本社质量投诉电话：010-88190744

打击盗版举报热线：010-88191661　QQ：2242791300

前言

为什么要进行学术研究？揭示世界的本质和规律，被视为学术研究的目的。宇宙浩瀚、世界纷繁，需要探索的问题不计其数。然则，当代中国正在经历人类历史上最为宏大而独特的实践创新，改革发展稳定任务之重、矛盾风险挑战之多、治国理政考验之大都前所未有，世界百年未有之大变局深刻变化前所未有，提出了大量亟待回答的理论和实践课题（习近平，2022）。中国的社会科学研究者，没有理由躲进小楼，做避重就轻的研究，理应回应这些理论和实践问题，扎根中国大地，汲取世界实践和理论成果，实事求是、守正创新，这既是研究者的使命，又是研究者难得的机遇。

财政作为一个历史范畴，其在不同的历史阶段有着不同的特征，中国的国家性质决定着中国财政是以人民为中心，以增进人民幸福为目标的人民财政。相应地，中国财政学当是以财政现象为研究对象，探求财政运行与发展的价值、特征和规律，以解释财政现象、指导财政实践、支撑国家治理，促进人民幸福和人的全面发展为目标，或称之为"人民财政学"。税收是财政的重要维度，在提升国家治理和人民幸福中发挥着基础性、支柱性、保障性作用。征税能力是国家能力的基础和核心组成，加强国家征税能力对世界各国而言十分重要（Pomeranz and Vila－Belda，2019）。锡德里克·桑福德（2001）对发展中国家税制改革的经验总结时发现，有效的征管是税制改革可持续和成功的保障。正如斯莱姆罗德和伊扎基（Slemrod and Yitzhaki，2002）在著名的《公共经济学手册》中所言：避税和逃税削弱了政府为公共服务提供资金的财政能力，导致税收结构扭曲，并对税收负担的公平分配和经济影响产生负面影响。公平和效率是税制设计的两大原则，然而，如果没有良好的税收征管，存在大量的逃避税现象，理论上再公平和效率的税收制度，其实际的公平性和效率性也将大打折扣，难以达到预期的效率和公平目标。以逃税避税为表现的税收非遵从，侵蚀国家征税能力，危害税收法定，损害税收公平和税收效率。因此，重视税收执法和遵从研究，将其置于税收理论和政策分析的突出位置，成为当今国内外税收理论研究的趋势。

2021年3月，《国民经济和社会发展第十四个五年规划和2035年远景目标纲要》发布，纲要明确了完善现代税收制度，“深化税收征管制度改革，建设智慧税务，推动税收征管现代化”的改革目标。随后，中共中央办公厅、国务院办公厅印发《关于进一步深化税收征管改革的意见》提出：大幅提高税法遵从度和社会满意度，明显降低征纳成本，到2025年，基本建成功能强大的智慧税务，形成国内一流的智能化行政应用系统，全方位提高税务执法、服务、监管能力。强化税收征管，提高税收遵从，业已成为未来全面深化改革、推进高质量发展的重要着力点。

企业是主要的纳税主体，我国企业纳税占税收收入超九成，对企业的税收征管和企业税收遵从，在很大程度上决定着国家的征税能力，进而深刻影响着公共产品和服务的提供，国家昌盛和人民幸福。无论是税收遵从的经典A-S模型，还是浩瀚纷繁的税收征管文献，抑或大家日常可见的税收实践，都明显地告知我们，以税率、税基等要素为代表的实体性税收制度，以征纳方式为表征的程序性税收制度，都是决定税收逃避或遵从的关键因素。企业的纳税决策是企业及其决策者，在特定的激励约束、风险偏好和价值取向下所进行的理性或非理性选择。企业都是处于市场之中的企业，人都是处于社会之中的人。企业或企业决策者的行为选择都不是外生的，其行为选择不可避免受其所置身的制度的影响。除税收制度外，企业所处的非税收制度环境也是影响企业税收遵从选择的重要维度。

本书从税制和制度环境角度探索企业税收遵从，由于企业面对的税制和非税收制度环境都异常丰富，任何一项研究都理应有所侧重和取舍，不必也不可能探究所有问题。在税制维度，本书撷取“营改增”、金税工程、纳税服务、纳税信用评级等对企业税收遵从的影响；在非税收制度环境维度，我们从地区间税收竞争和资本市场开放两方面，评估制度环境的企业税收遵从效应。

本书是李建军主持的教育部人文社会科学研究一般项目“税制改革视角下的企业税收遵从：实证评估与政策研究”（批准号19YJA790039）的研究

成果，本书的出版得到西南财经大学2022年度中央高校基本科研业务费专著出版资助项目（批准号JBK2204007）的支持。作为一项课题研究成果，本书是课题参与者共同努力的结果，各章的主要完成人分别为：第一章和第八章，李建军；第二章，李建军和王轩（北京大学）；第三章，李建军、王轩（北京大学）和吴亚萍（南京审计大学）；第四章，范源源；第五章，李建军和范源源；第六章，张琦和李建军；第七章，范源源和李建军。西南财经大学博士生赵薇、硕士生刘雪淼参与了本书部分章节的校对。课题的设计和研究中得到了西南财经大学刘元生副教授、张楠副教授，西南大学陈隆近教授、四川大学王文甫教授、中南财经政法大学田彬彬教授、密歇根大学乔尔·斯莱姆罗德（Joel Slemrod）教授等的大力支持和帮助。在此，我们致以热诚的感谢。特别需要说明的是，尽管课题研究及本书写作得到多方的帮助和支持，作者也尽量做得更好，但是书中难免多有遗憾和不足之处，其文责都由笔者本人负责。

本书是笔者近年关于税收征管和企业税收遵从问题研究的总结，又是笔者及团队未来研究的起点。希望本书的出版对今后税收征管及税收遵从研究、中国税收学理论创新，对深化税制改革，推动税收征管现代化等有所助益。

目　录

第一章

导　论

一、背景与价值

税收制度是包含何种事件或状态会引起纳税义务（税基和税率），谁缴税、什么时间缴税（税收缴款制度），信息披露要求以及不按时履行缴税法定义务的后果（含处罚）等的一套规则（Slemrod and Gillitzer，2014）。早在17世纪，威廉·配第便提出了“公平、简便、节省”税收三原则。18世纪，现代经济学之父，亚当·斯密在《国富论》中提出赋税四原则，即税收平等、确定、便利和征收费用最少原则。税收征管和税收遵从理论一直是财政学的重要内容，税收征管问题非常重要，但又被研究者长期相对忽视（Findly and Wellisz，2003）。

在现代税收经济分析中，大都假定应纳税额可以无成本地确定和收缴，这造成税收经济理论与实际的税收问题之间一定程度的脱节，降低了税收理论的解释力和对现实政策制定的指导性（Slemrod and Gillitzer，2014）。在著名的《公共经济学手册》中，斯莱姆罗德和伊扎基（Slemrod and Yitzhaki，2002）明确指出：避税和逃税在所有国家都普遍存在，而税收无疑受到逃避税的扭曲，税收的标准模型及其推论必须反映这些现实。因此，将税收遵从纳入税收理论和政策分析之中，使税收理论假设更符合现实，增强税收理论对现实的解释力和对税收政策制定的指导性，是当今国内外税收理论研究的前沿性方向。在斯莱姆罗德和吉里泽尔（2014）合著的《税制分析》一书中对税制的内涵进行了更完备的概括：税收制度是一套规则、法规和程序，其一，它定义了何种事件或状态会引起纳税义务（如税基和税率）；其二，它规定了谁缴税、什么时间缴税，即税收缴纳制度；其三，它确定了税收征纳的具体程序性规定，包括信息披露要求，以及不按时履行缴税法定义务、不遵守税收征收规则的后果等。根据其定义，税制三个维度内涵中的两个方面都是征管维度的内容。由此可见，税收征管在税制理论研究中的重要地位和重要价值。

本书研究聚焦于税收制度、制度环境对企业税收遵从的影响，借助主流政策评估方法，通过对我国“营改增”、金税三期、便民办税春风行动、纳税信用评级多项重要税制改革的企业税收遵从效应的评估，探究税收遵从中的税制因素及税收遵从的内在逻辑，这对于丰富税收遵从和税制设计研究文献和理论，乃至助力产生源于我国实践，对我国税收遵从和税制改革有解释力、指导性的税收理论等都具有助益。

2008 年金融危机以来，随着政府赤字增加，发展中国家和发达国家对税收遵从与逃税问题的政策关注显著加强，提高税收遵从已成为增加政府收入和建立有力且可信的公共部门的一个核心目标（IMF，2015）。本书研究的现实价值主要表现在：有效的征管是税制改革可持续和成功的保障（锡德里克·桑福德，2001），税收管理本身就是税收政策（Casanegra de Jantscher，1990）。党的十九大提出“深化税收制度改革，健全地方税体系”，研究税制改革下的企业税收遵从行为，探求企业对税制系统要素和制度环境变化的遵从行为反应，有助于增强税制改革设计的科学性和可行性，提升企业税收遵从度，增强文本上的税制与实际运行税制的一致性，增进现实中税收的公平和效率。在公共产品和服务供给的财政支出刚性约束情况下，税收遵从研究可以为减少税收逃避、提升税收遵从度，进而为降低法定税率、提升税制国际竞争力提供政策依据和参考。我国绝大部分税收由企业缴纳，研究企业税收遵从对于减少企业税收逃避，保证税收收入，以及提升税收征管工作效率、降低征税成本，实现税收依法应征尽征，保证税收公平、落实税收法定等都具重要实践价值。

二、文献简要回顾

税收遵从或税收逃避是财政学的核心问题之一。阿林厄姆和桑德莫（Allingham and Sandmo，1972）开创性的研究，将贝克尔（Becker，1968）犯罪行为模型发展为逃税模型，该模型（A-S 模型）中风险厌恶的纳税人基于预期效用最大化来决定是否逃税和逃避多少税收，该经典的标准逃税经济模型主要考虑的影响纳税人税收遵从决策的政策变量主要有：税率、稽查概率和处罚比率。其后，A-S 模型也被应用于研究企业税收遵从决策问题（Lee，1998；Joulfaian，2000）。

在过去的十年，由于税收政策、纳税申报数据可得性大幅提高、税务机关与研究者合作开展随机受控实验（Randomized Controlled Trails）的意愿增强等，税收遵从或逃税相关研究大量增加（Slemrod，2018）。税收遵从的实证研究关注什么因素决定了纳税人的税收遵从程度和性质，以及逃税对政策的反应。关于税制与企业税收遵从或逃避税，国外积累了比较丰富的研究，已有研究主要集中于企业所得税和增值税制度（含征管制度）对企业税收遵从的影响。

（一）企业所得税遵从

赖斯（Rice，1992）使用 1980TCMP 项目的数据研究了小企业的税收不遵从行为，他的研究得出：在没有监督的情况下（逃税便利），相对更高的利润可能会给企业提供有吸引力的低报利润的机会；高边际税率与税收遵从负相关。企业分配股息红利时可能发生企业所得税和个人所得税的重复征税，从而会影响企业或个人的税收遵从行为。威尔金森等（Wilkinson et al.，2001）、伊金和泉恩（Ikin and Tran，2013）、阿米拉姆等（Amiram et al.，2016）和麦克卢尔等（McClure et al.，2017）的实证研究发现，税制中若允许股息红利已纳税收抵免，避免重复征税，可以降低企业逃税。斯莱姆罗德等（Slemrod et al.，2017）利用 2011 年美国要求第三方向 IRS 报告小企业的电子支付信息的政策变化，研究第三方信息对小企业税收遵从的影响，发现小企业税收申报增加，小企业的报告收入增长率达24%，但报告支出的增长较大程度上抵消了净所得税的增长。阿穆尼亚和洛佩兹·罗德里格斯（Almunia and Lopez · Rodriguez，2018）研究西班牙对超过一定规模的大企业实施更严格管理的征管政策，发现企业策略性地使收入低于大企业认定门槛，在此基础上他们利用聚集方法（bunching）研究政策的税收遵从及福利效应。卡里略等（Carrillo et al.，2017）通过厄瓜多尔税务局向约8000家企业发送通知，要求企业根据第三方报告的收入和原所得税申报表，修改填报所得税申报表，结果发现：在政府未用第三方报告信息时，24%的企业低报了收入，修改申报的企业增加了申报收入，但同时也增加了报告成本，最终征得的企业所得税增加很少。马斯卡尼等（Mascagni et al.，2017）通过田野实验研究税务机关联系企业的不同信息传递方式（信件、电邮和征管人员面对面等）对企业所得税遵从的影响。李（Lee，2017）研究韩国新征管制度实施对在避税地有分支机构企业的避税的影响。成等（Cheng et al.，2017）研究了2007年中国企业所得税改革，企业所得税税率增减变动对企业成本和收入报告的非对称效应。

近年国内研究者从多维度对企业所得税遵从的影响因素进行了考察，主要包括：税收征管或执法（范子英和田彬彬，2013；卢洪友和张楠，2016；陈德球等，2016；田彬彬和范子英，2018；汤晓建等，2021）；“营改增”（毛德凤和刘华，2017）、预缴退税制（李昊楠，2020）、国际共同申报准则（CRS）和国际情报交换协定（樊勇等，2022；张瑶，2018）、东道国与国内税率差异（曹越和王琼琼，2021）、税收分成（田彬彬和范子英，2016；吕冰洋等，2016）、社保费征管（许红梅和李春涛，2020；孙雪娇等，2021）、税务中介组织（张座铭和田彬彬，2020）、社保费征管（许红梅和李春涛，2020）、地方政府产业政策（张婷婷等，2021）等。

（二）企业增值税遵从

菲斯曼和魏（Fisman and Wei，2004）对中国进口报告数据，发现进口关税和增值税税率提高1%，会使逃税增长3%。恩地（Onji，2009）发现

1989 年日本引入增值税，大量公司的规模集中在略低于小规模纳税人标准处，企业的行为反应表明，大量的企业通过分立伪装为小规模企业，以获得小规模纳税人在税收征收上的利益。刘等（Liu et al.，2021）对英国的研究发现，低的中间投入、B2C 销售比例高、市场竞争等会促使企业规模集聚在增值税起征点之下。阿萨特里扬和佩希尔（Asatryan and Peichl，2017）利用聚集方法（bunching method）研究：增值税起征点，基于企业规模按季或按月申报增值税和企业所得税，中小企业简易计征方法等税收政策适用的标准断点（notch），引起的企业行为聚集（bunching behavior），考察企业的税收非遵从。德保拉和斯格因克曼（De Paula and Scheinkman，2010）研究了增值税抵扣链条效应在增值税遵从中的作用。巴基斯坦从 1990 年逐步引入增值税，瓦西姆（Waseem，2019）基于这一改革并利用倍差法，发现随着企业交易伙伴实施增值税使企业应税营业收入增加，此外他还运用上下游企业反应的差异，研究增值税自我执行的驱动机制。最近，一些研究者利用随机受控实验方法研究税务审计等征管机制对增值税遵从的影响。波梅兰兹（Pomeranz，2015）向企业发送将增加审计的信件，结果发现，发送加强审计信息的信件使企业增值税缴纳增加，但相对于以最终消费者为对象的零售交易，对已经存在发票追踪的企业与企业间交易的影响比较弱，研究表明基于发票抵扣的增值税在企业间交易中存在内在的自我执行机制。贝戈洛等（Bergolo et al.，2018）通过向中小型企业发送审计概率和惩罚率等影响企业逃税决策的信息，利用田野实验研究发现，在基础信息之外收到过去审计概率和处罚比例信息的企业的税收遵从率提高了 6.3%，被告知逃税企业被审计的可能性会提高的企业的税收遵从率提高了约 7.4%，告知企业若不逃税则会有一系列公共服务提供这一公共品信息没有显著影响企业的税收遵从。国内关于增值税税收遵从的文献非常稀少。许文（2006）对我国增值税逃税规模进行了估算估计。刘华等（2008）构建逃税决策模型分析了税率、查获率和处罚率等对增值税逃税的影响。樊勇等（2018）利用一个市的企业增值税税收入库数据，实证探讨了企业增值税缴纳行为特征及影响因素，发现罚款、滞纳金代表的行政处罚对税收非遵从有显著的抑制效应。除了增值税外，商品税税收遵从研究中，田彬彬等（2021）实证考察了消费有奖发票制度对营业税征管的影响，发现相比于非试点地区，有奖发票政策的推行使得试点地区企业缴纳的营业税额平均提升约10%，印证了第三方信息报告对商品税征管的重要性。

国内外已有研究，对于理解税收及非税收制度对企业税收遵从影响，助益税收遵从和税收政策设计具有重要价值。但是税收征管和遵从作为税收研究中激动人心的核心领域，目前研究尚待继续丰富。本书借助主流政策评估方法，评估多项税收和非税收制度的税收遵从效应，具体而言，基于中国场景探究对"营改增"、金税工程、"便民办税春风行动"、纳税信用评级多项重要税制改革，地区间税收竞争和资本市场开放两项非税收制度因素的企业税收遵从效应及其内在理论逻辑，这对于丰富税收遵从和税制设计理论，提高税收遵从，服务税制改革，促进治税的公平和效率都具有重要价值。

三、主要内容

企业是主要的纳税主体，在美国和英国的税收收入总额中，超过八成的税收是由企业支付（Christensen，2001；Shaw et al.，2010），中国企业纳税占税收收入超九成，企业税收的税收征管和企业税收遵从，在很大程度上决定着国家的征税能力，进而深刻影响着公共产品和服务的提供，人民福利增进和国家昌盛。无论是税收遵从的经典A-S模型，还是浩瀚纷繁的税收征管文献，抑或大家日常可见的税收实践，都明显地告知我们，以税率、税基等要素为代表的实体性税收制度，以征纳方式为表征的程序性税收制度，都是决定税收逃避或遵从的关键因素。企业的纳税决策是企业，更确切地说是企业的决策者，基于企业的状况，面临的各种激励约束，决策者自身的风险偏好和价值，所进行的理性或非理性选择。企业都是处于市场之中的企业，人都是处于社会之中的人。无疑，企业或企业决策者的行为选择都不是外生的，其行为选择不可避免受其所置身的制度环境的影响。除税收制度外，企业所处的非税制制度环境也是影响企业税收遵从选择的重要维度。

本书从税制和制度环境角度探索企业税收遵从。由于企业面对的税制和制度环境的具体形式和内容都异常丰富，因此，任何一项研究可探究的问题都是有限的。在税制维度，本书考察"营改增"、金税工程、便民办税春风行动、纳税信用评级等对企业税收遵从的影响；在非税收制度环境维度，我们从地区间税收竞争和资本市场开放两方面，评估制度环境的企业税收遵从效应。

第一章主要是对研究背景和价值的介绍，简要的文献回顾，以及后续各章的主要内容的概述。

第二章，借助“营改增”改革提供的难得的准自然实验机会，实证研究增值税相对全额销售税的税收遵从效应。研究发现，“营改增”会显著增加企业报告的营业收入，而且改革对于B2B企业的影响远大于对B2C企业的影响。B2B交易中的买家有更强的动机要求开具发票，以抵扣其增值税销项税，减少其应纳增值税。由于个人消费者不需要增值税抵扣，因此改革在B2C交易中影响不大。此外，改革后企业的报告成本上升，以抵消其收入报告增加引起的增值税应纳税额上升。这些发现表明，增值税的税收遵从度高于全额销售税，增值税在B2B交易中具有自我执行机制。

第三章，探讨了税务局采用先进信息技术的税收遵从效应。虽然许多政府在税收征收方面采用了先进的信息技术，但关于其对企业税收遵从的影响却知之甚少。本章采用双重差分法，借助我国税务机关逐步采用“金税三期”这一准自然实验，使用上市公司数据，采用账税差及其残差项作为避税代理指标，研究发现“金税三期”的采用及税收征管信息化使避税水平降低了1.88个百分点；这种影响对税率较高的公司的影响更大；加强第三方报告和提高税务局的税收执法能力是税收征管信息化提升企业税收遵从的重要机制。

第四章，借助“便民办税春风行动”（简称税收“春风”行动）这一准自然实验，利用2008—2019年中国上市公司的微观数据和强度双重差分的估计方法考察优化纳税服务的税收遵从效应，研究发现：优化纳税服务显著提高了企业税收遵从，这一结论在一系列稳健性检验中依旧成立。机制分析表明，优化纳税服务通过降低纳税成本以及提高纳税人满意度提升了企业税收遵从。异质性分析表明，该效应主要集中于高税率企业和公司治理水平较差的企业。拓展性分析表明，改革“春风”推动了减税降费政策落地生根，帮助企业享受到更多的税收优惠政策，实现了企业诚信纳税与价值提升的双赢。本章的研究丰富了税收征管及其影响的文献，对坚持以纳税人为中心，持续提高纳税人满意度和获得感，实现新时代税收治理现代化提供了经验证据。

第五章，纳税信用评级披露是税收征管的重要制度组成，区别于基于威慑框架的强制性税收征管制度，作为一种柔性的税收征管措施，其对企业税收遵从有何影响在理论上并不确定。本章以 2015 年纳税信用评级的披露为准自然实验，采用双重差分模型，考察了 A 级纳税人光环之下的纳税“好名声”对企业税收遵从的影响。实证结果显示：纳税信用评级披露可以显著提高 A 级纳税信用企业的税收遵从，且该效应对于名义税率较高的企业、位于较低税收征管力度地区和较低税收道德水平辖区的企业来说更为显著。进一步分析显示，一方面高纳税声誉可以通过给企业带来切实经济利益，帮助企业缓解融资约束，以此激励企业遵从税法；另一方面，高纳税声誉还通过给企业带来外部压力，进而威慑企业遵从税法。本章拓展了声誉作用于企业税收遵从行为的内在机制，为提高企业税收遵从，乃至推进“信用中国”建设提供了实证支撑。

第六章，官员绩效考核下的晋升激励，执政为民、有所作为的政治责任和道德要求，使地方政府官员有很强的税收竞争的动机。分税制下地方政府具有的财政自主权，使地方政府具有开展税收竞争的能力和工具，由此产生了中国地方政府间的税收竞争。尽管我国地方政府的税收立法权比较有限，无法通过税种设置和税制调整等传统方式进行税收竞争，但在现实中，地方政府却能够采取放松对辖区内企业的税收征管的方式展开税收竞争。理论上，税收竞争将降低辖区税收征管力度，企业税收非遵从被查获和处罚的概率下降，预期边际成本降低，这使得企业倾向于做出避税的决策。本章利用企业微观数据和地区数据，考察了地区间税收竞争这一制度环境对企业避税的影响。实证结果表明，地区间税收竞争将通过降低地区内税收征管强度引致企业税收非遵从增加。进一步地分析发现，税负较高的企业和盈利能力更强的企业在税收竞争的影响下，避税动机更强；对于治理水平和经济发展水平更高的东部地区企业，税收竞争对企业避税的作用更强。本章不仅丰富了对地区间税收竞争微观效应的文献，而且为认识企业的避税动机和行为，规范地区间税收竞争，避免恶性税收竞争所造成的损失提供了经验依据。

第七章，资本市场开放是金融制度的重要改革，本章探究这一外部制度环境对公司税收遵从的潜在影响。利用中国“陆港通”交易制度实施这一准自然实验，采用倾向得分匹配—双重差分法，实证考察了资本市场开放对公司税收遵从的影响。研究发现：资本市场开放会显著降低“陆港通”标的企业的账税差异避税水平，这一结论在系列稳健性检验中依然成立；机制分析表明，资本市场开放可以通过缓解标的企业融资约束以及通过提高标的企业的信息透明度，抑制企业账税差异避税。进一步分析发现，资本市场开放的企业税收遵从效应主要存在于位于税收征管水平较低地区的企业和国有企业，资本市场开放对企业账税差异避税的影响随着企业税收遵从水平的降低先增后减。此外，在资本市场压力下，企业会选择更为隐蔽的账税一致避税策略，但没有证据表明资本市场开放影响了企业的总体税收状况。本章的研究从企业融资约束和信息透明两个角度，揭示了资本市场开放影响公司税收遵从行为的微观机制，为进一步提高企业税收遵从和国家征税能力提供了经验证据。

第二章

“营改增”与企业税收遵从

本章内容提要：本章以2012年开始的营业税改征增值税改革（即“营改增”）为切入点，研究增值税的税收遵从效应。研究发现，当增值税取代了作为全额流转税的营业税后，“营改增”企业的报告销售额和报告成本显著增加，且“营改增”对面向企业销售的企业（B2B）影响远大于面向个人销售的企业（B2C）。B2B交易中的买家有更强的动机要求开具发票，以抵扣其销项增值税来减少其纳税义务。由于个人消费者不需要增值税抵免，因此“营改增”对B2C交易的影响不大。此外，“营改增”后企业有意愿报告更高的成本，以抵消其纳税义务。研究结果表明，增值税的税收遵从度高于营业税，增值税在B2B交易中具有自我执行机制。

一、引　言

人生有三件事是不可避免的：死亡、税收和不懈努力规避两者（Klepper and Nagin，1989）。规避风险的纳税人决定是否以及逃税多少，类似于以最大化期望效用的方式来处理风险决策或赌博（Allingham et al.，1972）。以往的税收研究不仅涉及了最优税基和最优税率，还关注逃税、避税和税收管理（Slemrod，1990，1994）。越来越多的文献认为，第三方信息报告、税收预扣和可核实的涉税信息文件，在促进税收执法和改善税收遵从度上发挥着至关重要的作用（Kopczuk，Slemrod，2006；Pomeranz，2015；Kleven et al.，2016；Slemrod et al.，2017）。增值税也因其自我执行机制而受到越来越多的关注。

自1954年法国实施现代增值税以来，增值税已被超过160个国家采用，几乎包括所有的经合组织成员国和中国（OECD，2016），且征收增值税通常能够增加征收国税收总额的20%及以上（Keen and Loc，2010）。尽管在教科书中将增值税和作为一种流转税的零售税（RST）看作是等同的税收制度，但实际上，它们的征收管理体系截然不同。增值税和零售税之间的缴纳差异可以说是增值税比零售税应用更广泛的原因，也是大多数国家以15%或更高税率征收增值税，而几乎没有一个国家会以超过10%的税率征收零售税的内在逻辑，这都体现了税收征管中的细节（Slemrod and Gillitzer，2014）。

增值税具有自我执行机制。因为商品买方能从商品卖方取得增值税进项发票，所以在公司间交易中，一家公司的收入便是另一家公司的成本，这自然为买卖双方建立了一个信息报告机制，因此逃税很容易被发现（Kopczuk and Slemrod，2006；Slemrod and Gillitzer，2014）。逃税通常发生在买卖双方相互勾结的交易中（Abraham et al.，2017；Nygård et al.，2018），但在增值税的发票抵扣链中，即便卖家希望低报营业收入以减少增值税销项税，买家则喜欢夸大购买成本从而抵扣应纳税额（Slemrod and Gillitzer，2014）。基于此，买卖双方无法达成一致，故可减少或避免购销双方合谋勾结造成的逃税。

增值税的自我执行机制具有重要的理论和实践价值，但令人意外的是，相关的经验证据很少。德保拉和斯格因克曼（De Paula and Scheinkman，2010）提出了一种避税的均衡模型，并利用巴西的企业数据验证了增值税的自我执行机制，发现增值税抵扣链条促进了正规公司间的交易。波梅兰兹（Pomeranz，2015）以随机选择的智利公司为对象，向其邮寄审计概率将变大的信件，这些信件对有增值税信息追踪的公司间交易的影响，比对缺乏增值税信息追踪的公司与最终消费者交易的影响要弱，这与自我执行机制的理论预测一致。瓦西姆（Waseem，2017）使用巴基斯坦增值税试点推进和微观层面的制造商数据，研究发现随着企业交易对象进入增值税体系，企业报告的应税销售额明显增加，表明增值税本身的确具有自我执行机制。

本章利用我国营业税[①]改征增值税的改革，研究了增值税与营业税的税收遵从效应。自2012年，中国政府实施了“营改增”试点改革，试点从部分省份的某些服务业开始，并逐步扩大到其他省份和行业。“营改增”作为一项准自然实验，为识别增值税对企业税收遵从的因果效应，以及增值税相对于作为全额流转的营业税具有的自我执行机制提供了机会。利用2010—2016年中国上市企业的微观数据和三重差分（DDD）模型进行分析发现，“营改增”显著增加了企业财务报告中的销售额与成本，且该影响在面向企业销售（B2B）的公司中更大，因为下游企业有更强烈的动机向卖方企业索取发票，以抵扣其增值税销项税。改革对面向消费者销售（B2C）的企业没有显著影响，因为个人消费者无需增值税抵扣，故没有动力向卖方企业索取发票。这一发现与波梅兰兹（Pomeranz，2015）和刘等（Liu et al.，2021）的发现一致。进一步研究发现，“营改增”增加了企业报告中的成本以抵消税负，且报告成本的增加超过销售额，这使得“营改增”对企业整体纳税的影响尚不明确。但由于报告成本的增加来自于上游企业的销售额，因此，改革对税收收入的总体影响仍然是积极的。

本书将企业分为B2B企业与B2C企业，以研究增值税税收遵从和增值税的自我执行机制，本研究是对波梅兰兹（Pomeranz，2015）和瓦西姆（Waseem，2019）研究的支持和补充。本书是关于中国增值税这一间接税税收遵从为数不多的研究之一。标准最优税收模型忽略了税收执行成本，即假设纳税义务可以在没有成本的情况下确定与征收（Slemrod and Gillitzer，2014）。税收征管是税收政策的一部分，税收征管成本在税收工具的选择上十分关键，如选择征收增值税或营业税的征管成本并不相同。本章的研究显示增值税的税收遵从高于营业税，这一新的证据有助于解释为什么增值税在全世界被广泛应用。

本章的其余内容安排如下：第二节介绍了我国增值税的制度背景和“营改增”改革；第三节介绍了研究设计和数据；第四节为实证分析结果；最后，在第五节对本章进行总结。

---

① 改革前，对提供服务（包括交通、建筑、工程、邮政和电信、文化、体育、金融服务、娱乐等服务）、无形资产转移和不动产征收营业税。营业税的税率从3%到20%不等，大多数服务的税率为5%。营业税计征的基本公式是：应纳税额＝营业额×税率。服务的卖方可以向买方开具营业税发票，但营业税的纳税人不能通过购买发票来扣除其应纳营业税。

二、制度背景

（一）我国增值税以及“营改增”的改革

1994年，税制改革确立了包括增值税和营业税在内的间接税体系。增值税适用于销售商品或进口货物、提供加工修理修配劳务。企业根据规定标准登记为增值税一般纳税人或小规模纳税人。年营业额超过50万元（约7.2万美元）或贸易额超过80万元（约11.6万美元）的生产企业，登记为增值税一般纳税人。不满足条件则为小规模纳税人，并可以选择成为增值税一般纳税人[①]。本章数据来源于上市公司，其规模远超登记标准，故均为增值税一般纳税人。增值税一般纳税人适用的标准税率为17%（2018年之前），且可开具增值税发票，并扣除进项增值税[②③]。营业税是流转税制中的一个主要税种，征税范围为在中国境内提供的应税劳务、转让无形资产、销售不动产，其税率根据不同税目具有差别。所有服务业企业必须缴纳营业税，企业不能选择成为增值税一般纳税人，且不能扣除增值税进项税额或开具增值税发票。

1994—2016年，国内增值税收入从2308亿元增加到40712亿元（见图2-1A），年平均增长率约为13.9%。尽管增值税收入占总税收的比例因直接税收入的增加而在下降（见图2-1B），但增值税仍为我国最重要的税收收入来源[④]。

营业税作为一种主要的流转税，纳税人计算缴纳营业税不得对购买的产品和服务申请进项税抵扣，其客户同样不得对其购买的产品和服务申请进项

---

① 自2018年5月1日起，我国将增值税小规模纳税人的认定标准从原来的制造业和贸易企业营业额分别不到50万元或80万元，统一为年营业额小于500万元。

② 2018年5月1日，增值税一般纳税人17%的增值税税率降至16%。

③ 增值税小规模纳税人根据营业额需要缴纳较低的税率（3%），没有资格获得购买时的进项税额抵扣，也没有资格开具增值税专用发票。

④ 1999年，直接所得税（即企业所得税和个人所得税）占税收总收入的11.47%，2016年升至29.87%。

税抵扣。营业税的级联效应（Cascading effect）体现在扭曲了企业的经营决策，并破坏了增值税抵扣链条，不利于服务业的发展（Shen and Krever, 2017）。为消除重复征税，中国政府逐步实施了营业税改征增值税的改革。

增值税改革于2012年1月1日在上海开始；试点部门包括交通运输业和六个现代服务业，即“6+1”行业，其中六个现代服务业包括研发（R&D）和技术服务，信息技术（IT）服务，文化创意服务、物流辅助服务，鉴证咨询服务以及动产租赁①②。同年，北京、江苏、安徽、福建、广东、天津、湖北和浙江八个省份实施了同样的改革。改革试点和逐步推进的目的在于，先选择几个发达和欠发达省份进行改革，评估改革经济社会影响、总结经验，为改革在全国范围顺利推进提供基础。2013年8月1日，“6+1”行业“营改增”改革在整个中国内地全面实施，广播影视服务也加入了“营改增”行业名单③。2014年1月1日，在全国推行铁路运输和邮政业“营改增”，2014年6月1日，电信业实施“营改增”④⑤⑥⑦。2016年5月1日，“营改增”改革扩大到金融服务业、房地产业、建筑服务业和生活服务业（见表2-1）。从财政和政策的角度来看，2016年5月1日的改革被认为是增值税改革过程中最具挑战性的部分（Shen and Krever, 2017）。由于金融服务业、房地产业和建筑业缴纳了大量的间接税收入，2016年随着这些行业推行“营改增”改革及全面实现“营改增”，增值税的规模和比例大幅提高（见图2-1）。

① 《财政部　国家税务总局关于在上海市开展交通运输业和部分现代服务业营业税改征增值税试点的通知》（财税〔2011〕111号）和《财政部　国家税务总局关于印发营业税改征增值税试点方案的通知》（财税〔2011〕110号）。

② 《财政部　国家税务总局关于在北京等8省市开展交通运输业和部分现代服务业营业税改征增值税试点的通知》（财税〔2012〕71号）。

③ 《财政部　国家税务总局关于在全国开展交通运输业和部分现代服务业营业税改征增值税试点税收政策的通知》（财税〔2013〕第37号）。

④ 《财政部　国家税务总局关于将铁路运输和邮政业纳入营业税改征增值税试点的通知》（财税〔2013〕106号）。

⑤ 《财政部　国家税务总局关于将电信业纳入营业税改征增值税试点的通知》（财税〔2014〕43号）。

⑥ 《财政部　国家税务总局关于全面推开营业税改征增值税试点的通知》（财税〔2016〕36号）。

⑦ 生活服务部门包括酒店、食品和饮料，医疗保健、教育、文化和娱乐服务，以及任何其他服务的一般类别。

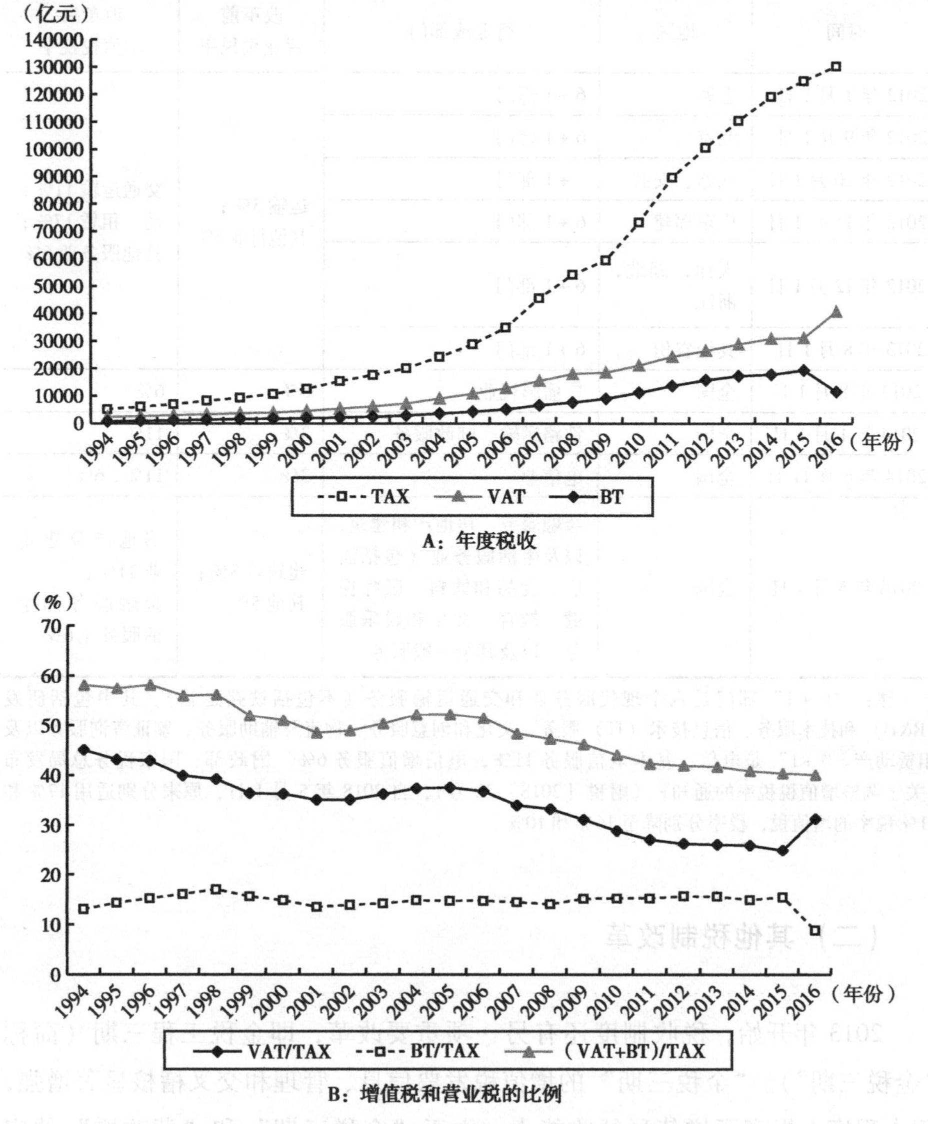

图2－1　1994—2016年中国增值税和营业税收入

注：VAT表示不含进口环节增值税的国内增值税收入，BT为营业税收入，TAX为总税收收入；所有原始数据均来自《中国统计年鉴》。2016年5月1日，营业税改征增值税改革在全国范围内实施；所有原营业税纳税人改为缴纳增值税。

表 2－1　　中国增值税改革的时间

<table>
<tr><th>时间</th><th>地区</th><th>行业或部门</th><th>改革前
营业税税率</th><th>改革后
增值税税率</th></tr>
<tr><td>2012 年 1 月 1 日</td><td>上海</td><td>6＋1 部门</td><td rowspan="6">运输 3%；
其他行业 5%</td><td rowspan="6">交通运输 11%；
动产租赁 17%；
其他服务业 6%</td></tr>
<tr><td>2012 年 9 月 1 日</td><td>北京</td><td>6＋1 部门</td></tr>
<tr><td>2012 年 10 月 1 日</td><td>江苏、安徽</td><td>6＋1 部门</td></tr>
<tr><td>2012 年 11 月 1 日</td><td>广东福建</td><td>6＋1 部门</td></tr>
<tr><td>2012 年 12 月 1 日</td><td>天津，湖北，浙江</td><td>6＋1 部门</td></tr>
<tr><td>2013 年 8 月 1 日</td><td>其他省份</td><td>6＋1 部门</td></tr>
<tr><td>2013 年 8 月 1 日</td><td>全国</td><td>广播影视业</td><td>5%</td><td>6%</td></tr>
<tr><td>2014 年 1 月 1 日</td><td>全国</td><td>铁路运输、邮政服务</td><td>3%</td><td>11%</td></tr>
<tr><td>2014 年 6 月 11 日</td><td>全国</td><td>电信业</td><td>3%</td><td>11%，6%</td></tr>
<tr><td>2016 年 5 月 1 日</td><td>全国</td><td>金融服务、房地产和建筑，以及生活服务业（包括酒店、食品和饮料、医疗保健、教育、文化和娱乐服务，以及其余一般服务）</td><td>建筑业 3%；
其他 5%</td><td>房地产及建筑业 11%；
金融服务和生活服务业 6%</td></tr>
</table>

注：“6＋1”部门是六个现代服务业和交通运输服务（不包括铁路运输）。其中包括研发（R&D）和技术服务、信息技术（IT）服务、文化和创意服务、物流及辅助服务、鉴证咨询服务以及租赁动产。“＋1”是电信：基本电信服务 11%，电信增值服务 6%。财政部、国家税务总局发布《关于调整增值税税率的通知》（财税〔2018〕32 号），自 2018 年 5 月 1 日，原来分别适用 17% 和 11% 税率的增值税，税率分别降至 16% 和 10%。

（二）其他税制改革

2013 年开始，税收制度还有另一项重要改革，即金税工程三期（简称“金税三期”）。“金税三期”的增值税发票信息、管理和交叉稽核显著增强，很大程度上提高了增值税征收能力。由于“金税三期”和“营改增”的实施时间有重叠，本研究需核实实证结果显示“营改增”带来的影响是否由“金税三期”实施造成。同时，“营改增”也改变了流转税的征收机构。中国的税收由国税局和地税局两套系统征收，具体而言，在“营改增”之前，营业税由地税局征收，增值税由国税局征收。“营改增”后，改征的增值税转由国税局征收。为此，这里还需要考虑到国税局和地税局税收征收能力差异可能产生的潜在影响。本章的实证部分将详细介绍税收征收机构的改革和变化，并探讨这一变化是否会影响增值税税收遵从效应。

（三）增值税的自我执行机制

一般认为增值税具有自我执行机制（Agha and Haughton，1996；Kopczuk and Slemrod，2006；Pomeranz，2015；Waseem，2019）。自我执行机制源于增值税的发票制度，增值税纳税人对自己的销售额计算增值税（销项税），并可抵扣其购买商品或服务所负担的增值税（进项税），销项税与进项税之间的差额为企业实际应缴纳的增值税。增值税的发票抵扣制为企业取得和保留发票提供了强有力的激励，每一笔企业间的交易都被买卖双方分别记录，生成第三方信息报告。第三方信息报告极大地增加了低报销售额和虚增销售成本被发现的可能性。在增值税的发票抵扣制度下，虽然卖方希望低报销售额，以将增值税纳税义务降到最低，而买家更愿意夸大购买成本，以便抵消其纳税义务。换言之，由于增值税在买卖双方产生了相反的激励机制，从而形成了一个相互监督的网络，限制了双方的合谋（Slemrod and Gillitzer 2014；Waseem，2017）。此外，在企业之间的交易中，买方支付货物的价格及其增值税（增值税进项税），进项增值税类似于卖方的预扣税（Keen，2008；Waseem，2017），或一种税收存款，因为买方的增值税纳税义务并不等于进项税，且买方购买发票上所列的进项增值税是其增值税计算缴纳时可扣除的税额，这种预扣或预存机制也迫使企业遵守增值税制度。

中国的增值税同样采用以发票为基础的销项税减增值税的抵扣式增值税，这通常被视为“欧洲模式”。增值税发票抵扣制度完善且严格，增值税发票主要分为增值税普通发票和增值税专用发票两类①②。增值税发票由国税局（SAT）负责印制、发售和管理，增值税一般纳税人在销售应税货物或

① 增值税专用发票包括三份基本联次：一份用作卖方记账凭证的记账联，一份用作买方税收抵扣凭证的抵扣联，以及一份用作买方簿记凭证的记账联。

② 金税工程最初是在世界银行的帮助下于1994年建造的，金税二期工程于2003年推出，金税三期工程于2016年底在全国范围内构建了更全面和强大的税收征管信息系统。

提供应税服务时，通过金税系统（GTS）——一种连接到国家税务总局的电子税务管理系统，向买方开具增值税发票。金税工程二期（GTS－Ⅱ）主要用于有效地识别和匹配买卖双方之间的增值税发票。2000—2007 年，中国的增值税征收率从 52.6% 大幅提高到 83.83%（许善达，2009）。

三、分析框架

（一）模型

税收遵从效应研究的现实挑战是构建可靠的遵从指标，税收遵从率通常被定义为实际增值税收入与潜在增值税收入的比值（Agha and Haughton，1996）。然而，中国的上市公司通常不会报告其缴纳的增值税情况，故各国基于宏观数据衡量增值税遵从率的方法（Keen and Smith，2006；DeMello，2009；Giesecke and Tran，2012）并不适合本文的研究。故本章将选择其他测量增值税遵从的方法，具体如下文所述。

理论上，一个企业的应纳增值税是其增加值和税率的乘积，$T_i = \tau(s_i - c_i)$. T,τ,s *and* c 分别表示应纳增值税、增值税税率、应税销售额和可抵扣成本。下标 i 代表了具体公司。在实践中，在我中国采用的基于增值税专用发票的抵扣制，企业的应纳增值税等于销项税额与进项税额之差。即 $T_i = T_{si} - T_{ci}$，$T_{si} = \tau s_i, T_{ci} = \tau c_i$。其中：$T_{si}$ 为销项税额，等于应税销售额 s_i 与其税率 τ 的乘积；T_{ci} 即可抵扣的进项税，近似于采购成本 c_i 乘以其增值税税率 τ，均凭票计算。现实中，由于税务机构无法观测公司的实际销售收入或销售成本，因此，少报销售收入（$\hat{s}_i < s_i$）或虚增销售成本（$\hat{c}_i > c_i$）是逃避增值税的常用方法。理想情况下，我们需要使用 $\hat{s}_i / s_i$，$\hat{c}_i / c_i$ 分别衡量销售收入报告和销售成本报告的遵从度。从逻辑上讲，s_i 和 c_i 都是不可观测指标。一般而言，企业报告的销售额越多，税收遵从度就越高；相比之下，一家企业报告的成本越多，税收遵从度就越低。因此，可以通过观察纳税人的报告销售收入和报告销售成本来近似估计纳税人的增值税遵从效应。

本章以公司财务报告中的营业收入和营业成本为变量，来反映企业税收遵从度，这与瓦西姆（Waseem，2017）对企业增值税遵从的研究相一致。为了探讨纳税人在增值税遵从方面的行为倾向，本章以企业报告营业收入与报告营业成本为被解释变量，使用三重差分（DDD）估计方法，检验“营改增”带来的影响，具体构建模型如下：

$$Report_{ijpt} = c + \phi \times reform_{ijpt} + \rho X_{ijpt} + \gamma_{pt} + \theta_{jt} + \delta_i + \varepsilon_{ijpt} \qquad (2-1)$$

其中，$Report_{ijpt}$ 分别为 p 省 j 行业的 i 企业在 t 年的营业收入的自然对数（ln*sale*），或营业成本的自然对数（ln*cost*），或报告营业收入与报告营业成本之比（*SCR*）。$reform_{ijpt}$ 为受增值税改革影响的企业是否缴纳增值税的指标，改革年度及以后赋值为1，否则为0。考虑到纳税人行为反应的时滞和营业税向增值税转型的调整，如果改革开始时间在改革第一年不足6个月，则该变量从第二年开始取为1。例如，2012年9月1日，北京市6个现代服务业和交通服务纳入了“营改增”改革。位于北京的试点公司的变量 $Reform_{ijpt}$，在2013年及以后被赋值为1。“营改增”改革变量（$Reform_{ijpt}$）的估计系数 ϕ，显示了增值税替代营业税的处理效果，即增值税与营业税相比的税收遵从效应。

δ_i 为企业固定效应；γ_{pt} 和 θ_{jt} 分别是省份—年度和行业—年度固定效应，以控制随时间变化的区域和行业因素，其中下标 p 和 j 分别表示省份和行业。变量 ε_{ijpt} 和 c 分别为误差项和常数项。ρ 是控制变量的估计系数的向量。参照已有关于税收遵从的文献（Wilson，2009；Chan et al.，2013；Richardson et al.，2016），在回归分析中，控制了一组企业特征变量 X_{ijpt}，分别为公司规模［ln(*Asset*)］以总资产的自然对数衡量；公司资本结构（*Debt*）以负债总额除以总资产来衡量；资产回报率是税前收益除以总资产（*ROA*）；市账比（*MB*）是以每股现价除以每股账面值的比率表示；固定资产比（*FAR*）是以固定资产除以总资产的比值衡量；企业所有权虚拟变量（*SCE*），如果最终所有者为政府，赋值为1，否则为0。

“营改增”改革采取的分阶段逐步实施的方式，2016年最终扩展到全国所有服务业，此时覆盖所有样本公司。在回归前，需进行平行趋势检验；为了展示改革前改革企业和未改革企业的收入和成本报告的趋势，根据行业分类将样本分为两组。2016年以前属于改革行业的公司被列为处理组，2016

年以后被覆盖的公司被列为对照组①。按此进行分类后，分别计算了 2009—2015 年改革服务业和未改革服务业企业的报告营业收入和报告营业成本的平均值。

图 2－2 绘制了进行“营改增”和未进行“营改增”服务业的报告营业收入和报告营业成本的变化趋势。2012—2015 年，受改革影响的服务业的报告营业收入和报告营业成本高于未改革服务业，随着 2012 年“营改增”范围的扩大，改革的服务业与未改革的服务业的差距逐渐缩小。例如，2012 年，改革后服务业的报告营业收入和报告营业成本增长幅度较未改革服务业的增幅更大。如图 2－2 所示，“营改增”前改革企业和未改革企业之间的报告营业收入和报告营业成本没有在一定程度上存在平行趋势，从而初步说明本文采用 DDD 估计的有效性。此外，为了减轻可能的选择偏差，提高处理组和对照组的可比性，使用倾向得分匹配（PSM）和三重差分（DDD）估计来进行稳健性检验。

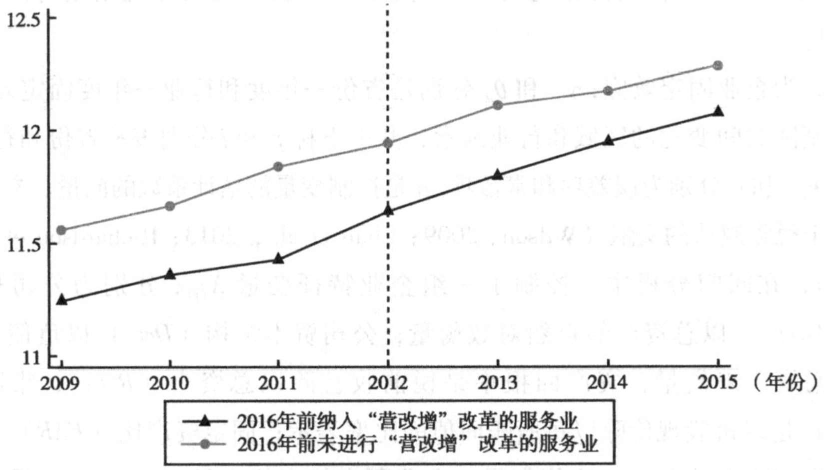

A：企业报告营业收入的平均对数

① 受到改革影响的公司来自以下行业：研发和技术服务、信息技术（IT）服务；文化和创意服务；物流及辅助服务；鉴证和咨询服务；动产租赁、运输服务；广播影视服务和电信服务。未受影响的公司的行业：房地产和建筑，以及生活服务业，其中生活服务业包括酒店、食品和饮料、医疗保健、教育、文化和娱乐，以及任何其他服务的一般剩余类别，不含金融业。

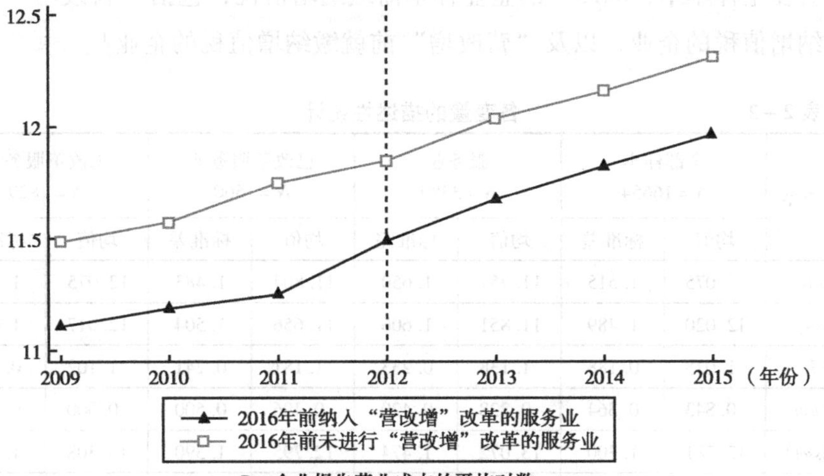

B：企业报告营业成本的平均对数

图 2-2 企业报告营业收入和报告营业成本的自然对数均值

注：2016 年前纳入“营改增”改革的服务业包括十个行业：研发（R&D）、技术服务、信息技术（IT）服务、文化创意服务、物流及辅助服务、鉴证及咨询服务、动产租赁、交通运输服务、广播影视服务、电信服务。2016 年前未进行“营改增”改革的服务业，指除金融业之外的在 2016 年纳入“营改增”的其他服务部门，如房地产和建筑业，以及生活服务业。

（二）数据

本章以 2009—2016 年上海证券交易所与深圳证券交易所的非金融类上市公司为初始样本，与一般做法一致（Frank et al.，2009；Chan，2013），由于金融公司采用不同的财务报告制度，故对金融企业进行了剔除。同时，保留了在 2010—2011 年经历了“营改增”的上市公司，剔除了数据缺失的样本。企业特征数据均来源于国泰安（CSMAR）数据库。为防止异常值的影响，本章将所有回归变量进行了 1% 和 99% 的缩尾。

表 2-2 显示了四组样本变量的描述性统计，其中包括全部样本组、服务业组、2016 年前改革样本组、2015 年前未改革的样本组（即 2016 年改革的样本组）。根据数据的可获得性，样本中改革后的服务部门包括 10 个部门，包括表 2-1 中报告的“6+1”部门，加上广播影视服务、铁路运输服务和电信服务。可见，服务业中约 49.6% 的样本企业是在 2016 年前进行的

改革。在全样本中，84.3%的企业样本需缴纳增值税，包括“营改增”后转为缴纳增值税的企业，以及“营改增”前就缴纳增值税的企业①。

表2-2　　各变量的描述性统计

变量类型	全部样本 $N=16654$		服务业 $N=3389$		已改革服务业 $N=1560$		未改革服务业 $N=1829$	
	均值	标准差	均值	标准差	均值	标准差	均值	标准差
ln*sale*	12.075	1.515	11.951	1.650	11.804	1.483	12.075	1.772
ln*cost*	12.020	1.489	11.851	1.606	11.656	1.504	12.017	1.671
SCR	1.078	0.188	1.138	0.233	1.181	0.241	1.102	0.219
Reform	0.843	0.364	0.228	0.420	0.496	0.500	0.000	0.000
ln(*Asset*)	12.781	1.300	13.072	1.474	12.795	1.390	13.308	1.503
MB	0.886	0.872	1.110	1.112	0.768	0.839	1.402	1.227
ROA	0.037	0.056	0.040	0.049	0.051	0.051	0.031	0.045
SCE	0.386	0.487	0.432	0.495	0.402	0.490	0.457	0.498
Debt	0.452	0.224	0.486	0.236	0.364	0.212	0.589	0.204
FAR	0.231	0.173	0.152	0.191	0.219	0.219	0.095	0.140
retail	—	—	0.266	0.261	0.152	0.194	0.364	0.273

四、实证结果

（一）基准结果

表2-3报告了模型（2-1）的估计结果。在第1—3列中，样本只包括服务业部门，除了服务业样本外，在第4—6列中，引入在整个样本期间须缴纳增值税的生产和销售企业为样本，在第1列和第4列中，因变量是报告营业收入的自然对数。改革变量（*Reform*）的估计系数分别为0.131和0.076，且显著为正。结果表明，与未进行“营改增”的服务业企业相比，改革使企业报告营业

① 这些需要征收增值税的部门包括销售除无形财产和不动产以外的所有货物，以及加工修理修配劳务。

收入的增加了7%—13%，该结果与瓦西姆（Waseem，2017）的研究结果一致。

在第2列和第5列的结果变量中，改革变量（*Reform*）的估计系数在5%的水平上显著为正，且回归系数分别为0.137和0.106。结果表明，“营改增”显著提高企业报告营业成本的规模。在增值税取代营业税之后，增值税纳税人依据发票抵扣制度，即销项税与进项税之差缴纳增值税。发票制度为交易提供了准确的记录（Kopczuk and Slemrod，2006；Pomeranz，2015），减少了买卖双方合谋的机会（Abraham et al.，2017；Nygård et al.，2018），有助于促进企业更加真实地报告营业收入和营业成本，使增值税遵从度的提升。当买方在采购过程中，申请增值税发票抵扣其增值税销项税时，企业报告的营业收入也会相应增加。

另一方面，为了扣除更多的进项税，减少自己的税收负担，由营业税纳税人转向增值税纳税人有动机增加报告的成本。本研究的结果与卡里略等（Carrillo et al.，2017）和斯莱姆罗德（Slemrod，2017）等的发现一致：第三方报告将引起报告收入和报告成本的增加，故“营改增”导致企业报告营业收入和报告营业成本都相应增加，最终使得企业所得税小幅增加。在第3列和第6列中，使用报告营业收入与报告营业成本的比值作为因变量回归发现，改革（*Reform*）的估计系数均为负，且仅在第6列中显著，这可能由于改革导致报告营业收入增长小于报告营业成本增长所致。纳税人在缴纳增值税过程中，增加了报告营业收入和报告营业成本的规模，并且可通过虚增营业成本和低报营业额的方式减少其应纳增值税（例如，当向个人消费者销售商品和服务时，不开具发票）。需要注意的是，此时增加的报告成本来自上游企业的销售额，因此，对税收收入的总体影响仍然是正向的。

表2-3　增值税改革对收入及成本报告的影响

样本组	lnsale (1)	lncost (2)	*SCR* (3)	lnsale (4)	lncost (5)	*SCR* (6)
Reform	0.131**	0.137**	-0.017	0.076*	0.106**	-0.027***
	(0.059)	(0.052)	(0.017)	(0.040)	(0.039)	(0.009)
ln(*Asset*)	0.820***	0.705***	0.047***	0.899***	0.816***	0.043***
	(0.044)	(0.034)	(0.007)	(0.021)	(0.019)	(0.003)

续表

样本组	lnsale (1)	lncost (2)	SCR (3)	lnsale (4)	lncost (5)	SCR (6)
MB	-0.035 (0.021)	-0.023 (0.018)	-0.012** (0.005)	-0.060*** (0.013)	-0.054*** (0.013)	-0.016*** (0.002)
ROA	3.147*** (0.408)	0.818** (0.318)	1.277*** (0.066)	2.019*** (0.142)	0.329** (0.137)	1.019*** (0.045)
SCE	-0.056 (0.056)	-0.048 (0.049)	-0.002 (0.007)	-0.023 (0.026)	-0.026 (0.024)	-0.001 (0.004)
Debt	0.326** (0.137)	0.502*** (0.138)	-0.077** (0.031)	0.363*** (0.059)	0.535*** (0.060)	-0.091*** (0.011)
FAR	0.309 (0.189)	0.439** (0.204)	-0.107*** (0.028)	0.589*** (0.096)	0.569*** (0.084)	-0.062*** (0.013)
公司固定效应	是	是	是	是	是	是
年份×地区	是	是	是	是	是	是
年份×行业	是	是	是	是	是	是
样本量	3389	3389	3389	16654	16654	16654
R^2	0.639	0.673	0.431	0.702	0.708	0.489

注：第1—3列样本包括服务业，即营业税改为增值税前所有需缴纳营业税的行业。第4—6列的样本不仅包括“营改增”前应缴纳营业税的服务行业，还包括在整个样本期间均需缴纳增值税的生产和销售商品的行业。括号内为省份层面聚类调整的标准误。***、**和*分别表示在1%、5%和10%的水平上显著。

（二）机制分析

第三方信息、不对称激励和税款抵扣制是增值税自我执行机制的主要来源。由于消费者通常不需要发票来抵扣进项增值税，故B2C交易中通常会缺乏详细的交易记录，致使零售环节成为增值税税收遵从的薄弱节点（Waseem，2017）。为了解决增值税的“最后一公里”问题，许多国家在消费者中引入了激励计划，诱导其通过中奖、罚款等方式索取收据（Naritomi，2016）。由于消费者索取发票的动机薄弱（即使政府鼓励消费者索取发票），而企业买家却有较强的动机索取发票，所以理论上，增值税的自我执行机制在B2B交易中比在B2C交易中效果更加显著，故区分“营改增”对B2C和B2B企业的影响，是确定增值税自我执行机制的有效途径。

这里采用两种方法来研究“营改增”改革对不同类型公司的增值税税收遵从效应。首先，借鉴刘等（Liu et al.，2021）的方法，根据国家统计局发布的2012年投入产出表（包括139个部门），对最终消费者销售份额的行业进行统计，计算行业中B2C的交易份额（*Retail Share*）。接着，将交互项 *Reform* × *Retail Share* 加入到模型中，以检验B2C交易份额对改革效果的影响。如果自我执行机制起作用，改革对企业报告营业收入和报告营业成本的影响将随着B2C交易份额的上升而降低。为稳健起见，我们还采用双重限定条件来分辨企业类型，即通过分析主营业务类型，利用万得数据库（Wind）中上市公司的主营业务描述和公司年度报告，手动将样本公司分为B2B公司和B2C公司。根据主营业务类型，将主营业务为客运、住宅房地产、食品和饮料供应的企业判定为客户为个人的B2C企业。相应地，将主营业务是研发（R&D）和技术服务、建筑、信息技术（IT）服务和货运的企业判定为客户是企业的B2B企业。

接下来，重点关注受改革影响的服务业样本企业。回归结果见表2-4，在第1—3列中，不论因变量为报告营业收入、报告营业成本，还是报告营业收入和营业成本的比值，交互项（*Reform* × *Retail Share*）的系数显著为负，意味着随着销售额中最终消费者（B2C交易份额）的增加，报告的营业收入和营业成本都将下降，且报告营业收入的增长小于报告营业成本的增长。

在第4—9列中，使用按主营业务的类型手动划分的B2C和B2B企业样本，进行分组回归。结果显示，在以B2C企业报告营业收入和报告营业成本为因变量的回归（在第4—6列）中，改革变量的系数不显著，“营改增”没有改变B2C企业的报告收入和报告成本。这是由于个人消费者不具有索取发票的动机所导致的。换言之，B2C企业的估计结果表明：如果没有第三方报告和不对称激励，自我执行机制则无法发挥作用。因此，在零售环节，营业税与增值税的遵从效应无显著差异。相反，改革变量在B2B企业的所有回归（第7—9列）中的系数均显著，具体如表2-4所示。“营改增”使B2B企业报告的销售额增加了约12.9%，报告的成本增加了约16.8%，表明增值税的自执行机制在B2B交易中运行良好，结果与理论预期一致（Slemrod and Gillitzer，2014；Waseem，2017）。上述结果表明，由于增值税的自我执行机制，企业的报告营业收入和报告营业成本都有所增加，且改革对 B2C（不显著）和 B2B（显著）交易有不同的影响，证明了增值税自我执行机制的存在性且重要性。

表 2－4　　　　机制：来自 B2B 和 B2C 企业的证据

样本组	lnsale (1)	lncost (2)	SCR (3)	lnsale (4)	lncost (5)	SCR (6)	lnsale (7)	lncost (8)	SCR (9)
	Total	Total	Total	B2C	B2C	B2C	B2B	B2B	B2B
Reform	0.198 ***	0.204 ***	−0.003	−0.067	−0.138	0.037	0.129 *	0.168 **	−0.038 **
	(0.056)	(0.057)	(0.017)	(0.122)	(0.138)	(0.025)	(0.067)	(0.065)	(0.017)
Reform × *Retail Share*	−0.602 **	−0.599 ***	−0.127 **						
	(0.273)	(0.209)	(0.046)						
ln(*Asset*)	0.819 ***	0.705 ***	0.047 ***	0.984 ***	0.828 ***	0.027 *	0.740 ***	0.659 ***	0.055 ***
	(0.043)	(0.034)	(0.007)	(0.107)	(0.112)	(0.013)	(0.061)	(0.066)	(0.008)
MB	−0.035	−0.023	−0.012 **	−0.032	−0.017	−0.006	−0.115 ***	−0.099 ***	−0.023 ***
	(0.021)	(0.018)	(0.005)	(0.037)	(0.029)	(0.006)	(0.033)	(0.028)	(0.008)
ROA	3.139 ***	0.810 **	1.275 ***	4.090 ***	1.855 ***	1.280 ***	2.100 ***	−0.053	1.235 ***
	(0.409)	(0.319)	(0.066)	(0.891)	(0.557)	(0.112)	(0.396)	(0.521)	(0.095)
SCE	−0.057	−0.048	−0.002	−0.107	−0.061	−0.027 *	0.076	0.066	0.024 *
	(0.057)	(0.049)	(0.007)	(0.132)	(0.107)	(0.014)	(0.068)	(0.076)	(0.013)
Debt	0.322 **	0.498 ***	−0.078 **	0.160	0.341	0.020	0.605 ***	0.773 ***	−0.117 ***
	(0.136)	(0.138)	(0.031)	(0.275)	(0.249)	(0.038)	(0.214)	(0.215)	(0.036)
FAR	0.306	0.437 **	−0.108 ***	0.510 *	0.698 ***	−0.095	−0.054	0.080	−0.091 **
	(0.189)	(0.203)	(0.029)	(0.283)	(0.189)	(0.077)	(0.249)	(0.265)	(0.038)
公司固定效应	是	是	是	是	是	是	是	是	是
年份×地区	是	是	是	是	是	是	是	是	是
年份×行业	是	是	是	是	是	是	是	是	是
样本量	3389	3389	3389	1452	1452	1452	1937	1937	1937
R^2	0.639	0.674	0.431	0.515	0.579	0.401	0.781	0.762	0.524

注：样本包括服务业，即营业税改征增值税前除金融业外所有适用营业税的行业。括号内为省份层面聚类调整的标准误。根据万得数据库公开的上市公司主营业务清单和公司年报，通过分析主营业务类型，将样本公司划分为 B2C 公司和 B2B 公司。***、** 和 * 分别表示在 1%、5% 和 10% 的水平上显著。

在本节选取的样本中，一些企业在改革期间修改了其行业代码，这一行为对样本的处理存在影响，故将样本限制在那些不受行业代码变化影响的企业重新进行如表2-3和表2-4中的回归结果，具体结果并未发生太大的变化（见表2-5和表2-6）。

表2-5　“营改增”对于企业营业收入和成本报告的影响

样本组	lnsale (1)	lncost (2)	*SCR* (3)	lnsale (4)	lncost (5)	*SCR* (6)
Reform	0.148*** (0.053)	0.160*** (0.057)	0.001 (0.016)	0.076** (0.032)	0.104*** (0.035)	-0.025*** (0.009)
ln(*Asset*)	0.814*** (0.042)	0.710*** (0.039)	0.046*** (0.007)	0.885*** (0.021)	0.811*** (0.022)	0.041*** (0.003)
MB	-0.034 (0.020)	-0.023 (0.020)	-0.014*** (0.005)	-0.058*** (0.014)	-0.054*** (0.014)	-0.016*** (0.002)
ROA	3.202*** (0.434)	0.898** (0.351)	1.379*** (0.082)	2.015*** (0.171)	0.333** (0.157)	1.021*** (0.050)
SCE	-0.041 (0.051)	-0.032 (0.050)	0.001 (0.006)	-0.013 (0.026)	-0.017 (0.023)	-0.000 (0.004)
Debt	0.319** (0.146)	0.489*** (0.153)	-0.080*** (0.028)	0.323*** (0.044)	0.491*** (0.044)	-0.093*** (0.011)
FAR	0.277 (0.194)	0.395* (0.207)	-0.098*** (0.029)	0.512*** (0.097)	0.523*** (0.087)	-0.062*** (0.014)
公司固定效应	是	是	是	是	是	是
年份×地区	是	是	是	是	是	是
年份×行业	是	是	是	是	是	是
样本量	2932	2932	2932	15472	15472	15472
R^2	0.663	0.689	0.464	0.711	0.717	0.506

注：与表2-3相对应，回归不包括改革前后行业发生变化的公司。在第1—3列中，样本包括服务部门，即在“营改增”之前除金融业外缴纳营业税的所有部门。第4—6列中的样本不仅包括“营改增”前缴纳营业税的服务业（不含金融业），还包括在整个样本期内均缴纳增值税的生产和销售商品的部门。括号内为省份层面聚类调整的标准误。***、**和*分别表示在1%、5%和10%的水平上显著。

表 2-6 机制分析：来自 B2B 和 B2C 企业的证据

样本组	lnsale (1)	lncost (2)	SCR (3)	lnsale (4)	lncost (5)	SCR (6)	lnsale (7)	lncost (8)	SCR (9)
	Total	Total	Total	B2C	B2C	B2C	B2B	B2B	B2B
Reform	0.222 *** (0.056)	0.236 *** (0.062)	0.006 (0.016)	-0.021 (0.133)	-0.102 (0.151)	0.064 ** (0.029)	0.162 * (0.082)	0.181 ** (0.077)	-0.031 * (0.016)
Reform × Retail Share	-0.676 *** (0.231)	-0.700 *** (0.227)	-0.037 (0.060)						
ln(*Asset*)	0.814 *** (0.041)	0.710 *** (0.038)	0.046 *** (0.007)	0.984 *** (0.128)	0.820 *** (0.123)	0.026 ** (0.012)	0.739 *** (0.063)	0.666 *** (0.066)	0.051 *** (0.007)
MB	-0.034 (0.020)	-0.023 (0.020)	-0.014 *** (0.005)	-0.045 (0.036)	-0.019 (0.032)	-0.011 * (0.006)	-0.106 *** (0.031)	-0.090 *** (0.027)	-0.023 ** (0.008)
ROA	3.188 *** (0.433)	0.884 ** (0.353)	1.378 *** (0.083)	4.145 *** (1.109)	1.737 ** (0.735)	1.359 *** (0.153)	2.090 *** (0.510)	-0.024 (0.609)	1.350 *** (0.118)
SCE	-0.041 (0.052)	-0.033 (0.050)	0.001 (0.006)	-0.070 (0.113)	-0.038 (0.101)	-0.020 (0.014)	0.086 (0.081)	0.073 (0.083)	0.029 ** (0.013)
Debt	0.315 ** (0.146)	0.484 *** (0.153)	-0.080 *** (0.028)	0.084 (0.342)	0.300 (0.310)	0.016 (0.042)	0.579 ** (0.215)	0.693 *** (0.220)	-0.112 *** (0.036)
FAR	0.273 (0.193)	0.390 * (0.207)	-0.098 *** (0.029)	0.573 * (0.281)	0.745 *** (0.207)	-0.119 * (0.068)	-0.092 (0.261)	0.042 (0.279)	-0.093 ** (0.039)
公司固定效应	是	是	是	是	是	是	是	是	是
年份×地区	是	是	是	是	是	是	是	是	是
年份×行业	是	是	是	是	是	是	是	是	是
样本量	2932	2932	2932	1255	1255	1255	1677	1677	1677
R^2	0.663	0.690	0.464	0.530	0.593	0.429	0.782	0.769	0.537

注：与表 2-4 相对应，回归不包括改革前后行业发生变化的公司。样本包括服务部门，即在“营改增”前除金融业外缴纳营业税的行业。括号内为省份层面聚类调整的标准误。在这里，本章根据万得数据库中公开上市公司的主要运营业务列表和公司年报，通过分析主要运营业务的类型，将样本公司分为 B2C 公司和 B2B 公司。***、** 和 * 分别表示在 1%、5% 和 10% 的水平上显著。

（三）排除真实反应及税率变化的影响

“营改增”引起了税制的变化，并使得有效税率发生了改变。国家税务总局局长王军表示，约 98% 的纳税人在此次改革中见证了税收负担的稳中有降①。因为企业在较低的税率下可能扩大营业规模，使购销额增加，故本章需排除由于实际税率变化导致的潜在生产经营变化所带来的影响。已有文献表明，较低的税率可以减少逃税行为。菲斯曼和魏（Fisman and Wei, 2004）量化了关税税率对中国逃税行为的影响，结果显示：税率每提高1%，逃税率将提高3%。因此，检验企业增值税遵从是来自于实际税率的变化，还是源于“营改增”是必要的。事实上，上述关于B2C企业销售份额的分析说明增值税的自我执行机制是税收遵从的驱动因素，因为如果是改革产生的税率变化导致报告收入和报告成本增加，那么“营改增”改革变量（*Reform*）在B2B和B2C企业样本的估计结果应该是相似的。

为了进一步排除“营改增”税率变化对增值税遵从效应结论的影响，我们引入了“营改增”变量（*Reform*）与行业层面有效税率（*ETR*）的交互项，用以观测税率变化造成的影响。为比较改革前后的税率，*ETR*在改革前被定义为营业税与销售额之比，在改革后被定义为增值税与销售额之比。改革前，所有公司实际税率均为5%。由于无法获得企业具体缴纳的增值税税额，我们采用国家统计局公布的2012年139个行业的投入产出表，通过销项税（$outputVAT_i$）和进项税（$inputCredit_i$）之间的差值来计算每个“营改增”企业的增值税有效税率。将i企业的增值税有效税率定义为$ETR_i = (outputVAT_i - inputCredit_i) / output_i$。计算进项税时，考虑到并不是所有的企业购入项目均可扣除，我们计算了在四种不同进项税可抵扣率（*DPI*）下的ETR（80%、75%、70%和65%），以保证计算结果的稳健。行业i的进项税总和：$inputVAT_i = \sum_{j=1}^{n=139} \frac{input_{ji} \times DPI}{1 + VATrate_j} \times VATrate_j$，其中$input_{ji}$和$VATrate_j$为行业$i$的来自行业$j$的投入和相应的行业$j$的增值税税率。销项增值税为：$outputVAT_i = \left[\frac{output_i}{1 + VATrate_i}\right] \times VATrate_i$。此处将产量除以（1+增值税税率），是因为销售价格为含税价。

表2-7显示了纳入改革与有效税率（$Reform \times ETR$）交互项的估计结果。如果结果所显示的“营改增”效果是由真实的生产反应或税率降低导致

① http://www.chinatax.gov.cn/n810219/n810744/n2048831/n2048836/c2606446/content.html.

的，那么经历更多税收减免的行业受改革的影响会更大，此时交互项系数应为负。然而，当使用四种不同的扣除比率计算有效税率时，交互项的8个系数中有6个为正，且均不显著。该结果表明尽管征收增值税可以增加企业报告的销售额和成本，但税率的变化并没有推翻增值税比流转税制下的营业税具有更高税收遵从度的结论。

表2-7　排除税率变化的潜在影响

样本组	*lnsale*				*lncost*			
	(1)	(2)	(3)	(4)	(5)	(6)	(7)	(8)
Reform	0.139 (0.084)	0.134 (0.089)	0.126 (0.093)	0.117 (0.096)	0.167** (0.067)	0.166** (0.071)	0.159** (0.074)	0.152* (0.076)
Reform×*ETR*	0.370 (1.875)	0.499 (1.914)	0.717 (1.890)	0.931 (1.860)	−0.185 (1.866)	−0.136 (1.920)	0.0882 (1.885)	0.311 (1.846)
企业特征变量	是	是	是	是	是	是	是	是
公司固定效应	是	是	是	是	是	是	是	是
年份×地区	是	是	是	是	是	是	是	是
年份×行业	是	是	是	是	是	是	是	是
DPI	80%	75%	70%	65%	80%	75%	70%	65%
样本量	3360	3360	3360	3360	3360	3360	3360	3360
R^2	0.638	0.638	0.638	0.638	0.673	0.673	0.673	0.673

注：样本包括服务业，即营业税转征增值税前除金融业外所有适用营业税的行业。有效税率（ETR）是根据中国国家统计局发布的包括139个行业的2012年投入产出表，通过销项增值税与进项增值税的差额计算得出。本章假设每个“营改增”部门的购入项目中包含的进项增值税的可扣除比例在第（1）和（5）列中为80%，在第（2）和（6）列中为75%，在第（3）和（7）列中为70%，在第（4）和（8）列中为65%。括号内为省份层面聚类调整的标准误***、**和*分别表示在1%、5%和10%的水平上显著。

（四）自我执行或更严格的征管

“营改增”同时改变了商品税的征收机构。1994年的税收改革，除了上海和西藏以外，引入了两种税收征管体制：由地方税务局（LTB）征收或由国家税务局（SAT）征收①。营业税和增值税分别由地税局和国税局征收。“营改增”改变了这一征管体制，改革前向地税局缴纳营业税的企业在“营改增”后将向国税局缴纳增值税。本章研究表明，“营改增”提高了企业报告营业收入和报告营业成本，但这不能排除这是由于国税局的征收能力更强所引起的。由于上海市只有一个征收机构，且“营改增”并未改变上海营业税或增值税征收机构②。本章采用 DDD 模型来确定税收征收机构的变化对报告中销售额和成本的影响。

$$Report_{ijpt} = c + \alpha_1 Reform_{ijpt} + \alpha_2 (Treat_{ip} \times Reform_{ijpt}) + X_{ijpt}\rho + \gamma_{pt} + \theta_{jt} + \delta_i + \varepsilon_{ijpt} \quad (2-2)$$

其中，虚拟变量 $Treat_{ip}$ 将税务征收机构没有变化的上海的公司作为控制组，赋值为 0；将税务征收机构由地税局变为国税局的江苏省或浙江省的公司作为处理组，赋值为 1。由于江苏省和浙江省毗邻上海市且与上海市的经济发展水平相似，故选择位于江苏或浙江的公司作为处理组。类似地，虚拟变量 $Reform_{ijpt}$，表示企业是否实现从营业税到增值税的转变。如果一家企业实行“营改增”，将改革当年及之后的年份赋值为 1，否则为 0。交互项系数 α_2 代表了改变税收征管机构对报告营业收入和报告营业成本的影响。如果系数显著为正，则回归结果意味着：在基准回归中显示的“营改增”对报告销售额和成本的影响，并非来自于增值税的自我执行机制，而是由税收征收机构的变化带来的政府征税能力提升所引起。α 为估计系数；其他变量和参数的含义与模型 2－1 相同。

观察样本分别为全样本、B2B 企业和 B2C 企业时，报告营业收入和报告营业成本的回归结果（见表 2－8），$Treat \times Reform$ 的系数 α_2 均不显著，且估计值很小。可知，税收征收机构的变化并不会引起企业报告销售额和成本的变化，排除了税收征收机构的变化对增值税遵从影响的担忧。

---

① 自 1994 年以来，上海名义上有两个税务机构——地方税务局（LTB）和国家税务总局（SAT），但实际上其为“两块牌子，一套人马”。在西藏，国家税务局负责所有的税收征收，未设立地方税务局。根据中共中央和国务院国家和地方税务机构改革的决定和安排，2018 年 2 月开始，将国家税务局和地方税务局合并。

② 未使用来自西藏的公司数据，因为在本章的样本中只有 5 家公司来自西藏。

表 2-8　　排除税收征管机构变化的影响

样本组	lnsale (1)	lncost (2)	*SCR* (3)	lnsale (4)	lncost (5)	*SCR* (6)	lnsale (7)	lncost (8)	*SCR* (9)
	Total	Total	Total	B2C	B2C	B2C	B2B	B2B	B2B
Reform	0.065 (0.066)	0.055 (0.060)	-0.015 (0.027)	0.182 (0.340)	0.112 (0.335)	0.017 (0.058)	0.046 (0.128)	0.051 (0.127)	-0.053 (0.030)
Reform × *Treat*	-0.005 (0.122)	0.001 (0.136)	0.016 * (0.005)	-0.018 (0.243)	0.009 (0.227)	0.016 (0.039)	-0.086 (0.079)	-0.028 (0.076)	-0.033 *** (0.003)
企业特征变量	是	是	是	是	是	是	是	是	是
公司固定效应	是	是	是	是	是	是	是	是	是
年份×地区	是	是	是	是	是	是	是	是	是
年份×行业	是	是	是	是	是	是	是	是	是
样本量	880	880	880	324	324	324	556	556	556
R^2	0.634	0.686	0.412	0.548	0.650	0.314	0.715	0.734	0.487

注：样本包括服务业，即营业税改征增值税前除金融业外适用营业税的行业。括号内为省份层面聚类调整的标准误。根据万得数据库公开的上市公司的主营业务清单和公司年报，通过分析主营业务类型，将样本公司分为 B2C 公司和 B2B 公司。***、** 和 * 分别表示在 1%、5% 和 10% 的水平上显著。

（五）金税工程的影响

为加强税收征管，中国在 20 世纪 90 年代建立了电子税收管理系统“金税工程”（GTS）。该系统的前两个阶段，金税工程一期与金税工程二期，使用信息技术来加强增值税征管，提升增值税遵从（德勤，2016 年）。2016 年底，“金税三期”在全国范围内上线，该系统具备了更完善的功能，能够使各行业、税种和税务管理部门的信息匹配共享。“金税三期”于 2013 年 2 月首次在重庆上线，10 月山东和山西两省上线系统；2014 年，广东、河南、内蒙古三省开始使用“金税三期”系统；2015 年，河北、宁夏等 14 个省开始使用“金税三期”系统；2016 年，剩余的省市均引入“金税三期”系统。前文提到，增值税的自我执行机制归因于第三方信息、不对称激励和税款抵扣制。增值税的征管信息系统有助于第三方信息报告的形成，避免了买卖双方的合谋行为。2013—2016 年，各地区逐步采用“金税三期”的时间与“营改增”的时间有所重叠。因此，回归所显示的“营改增”提高了企业报告营业收入和报告营业成本的结论（如回归所示），可能不能归因于增值税的自我执行机制，而是由于“金税三期”征管系统使用所带来的。

在表 2－3 的回归结果中，控制了省份—年份固定效应，可部分排除“金税三期”系统对结果的影响。为了进一步检验是否是因“金税三期”系统采用带来了增值税遵从度的提高而非增值税的自我执行机制，本节剔除了位于重庆市、山东省和山西省的公司，仅使用了 2009—2013 年的样本数据基于模型 2－1 进行回归。与表 2－3 和表 2－4 的基本回归一致，对于 B2B 企业，“营改增”显著增加了企业报告营业收入和报告营业成本，降低了报告营业收入与报告营业成本的比率（见表 2－9）。综上，“金税三期”系统的使用并不影响本文的结论：具有自我执行机制的增值税比同样作为流转税的营业税有更高的税收遵从度。

表 2－9　　排除“金税三期”的影响

样本组	lnsale (1) Total	lncost (2) Total	*SCR* (3) Total	lnsale (4) B2C	lncost (5) B2C	*SCR* (6) B2C	lnsale (7) B2B	lncost (8) B2B	*SCR* (9) B2B
Reform	0.162 ** (0.069)	0.155 ** (0.073)	－0.004 (0.011)	－0.125 (0.119)	－0.242 * (0.121)	0.069 * (0.037)	0.158 ** (0.063)	0.180 ** (0.068)	－0.023 * (0.013)
企业特征变量	是	是	是	是	是	是	是	是	是
公司固定效应	是	是	是	是	是	是	是	是	是
年份 × 地区	是	是	是	是	是	是	是	是	是
年份 × 行业	是	是	是	是	是	是	是	是	是
样本量	1940	1940	1940	848	848	848	1092	1092	1092
R^2	0.562	0.563	0.352	0.417	0.421	0.324	0.739	0.724	0.507

注：样本包括服务业，即 2009—2013 年，营业税改增值税前除金融业之外所有缴纳营业税的行业。括号内为省份层面聚类调整的标准误。根据万得数据库公开上市公司主营业务清单和公司年报，通过分析主营业务类型，将样本公司划分为 B2C 公司和 B2B 公司。***、** 和 * 分别表示在 1%、5% 和 10% 的水平上显著。

（六）进一步的稳健性检验

1. 安慰剂检验

尽管在所有的回归分析中，控制了省份—年度和行业—年度的固定效应，为避免回归所显示的“营改增”的税收遵从效应是由其他易混淆变量或样本自身变动趋势引起的。本节使用安慰剂检验来做进一步分析。具体而言，使用虚拟的改革变量来重新进行回归，该变量在公司实际改革前两年赋值为1。如表2－10所示，在全样本数据回归中，当因变量为报告营业收入或报告营业成本时，改革变量的回归系数为负；当因变量为报告营业收入与营业成本的比值时，改革变量的回归系数为正，与前文结论相反。同时，交互项 *Reform* × *Retail* 的系数不显著。在 B2C 和 B2B 样本数据回归中，改革变量的系数也不显著，且改革变量在 B2B 样本中的系数则为负。

2. 调整样本期

在本节中，我们调整样本期，以检验结果对缩小样本期间的敏感性。表2－11中的面板A和面板B分别显示了2010—2015年和2011—2014年期间样本数据的回归结果。在第1—3列中，虽然估计系数略有变化，但仍与以前的回归相一致：“营改增”显著提高了企业报告营业收入和营业成本的增加，降低了报告营业收入与报告营业成本的比值。第4—6列，交互项的系数显著为负，表明随着面向最终消费者销售份额的增加，企业报告的营业收入和营业成本将减少，同样与上述结论一致。在第7—12列中，利用按照主营业务收入划分的B2C和B2B企业为样本，分别进行回归。可以看到，结论依然稳健，“营改增”确实显著提高了B2B交易企业的报告营业收入和营业成本，在B2C交易或零售环节中并未有显著变化。

表 2-10　安慰剂检验

样本组	lnsale (1)	lncost (2)	SCR (3)	lnsale (4)	lncost (5)	SCR (6)	lnsale (7)	lncost (8)	SCR (9)	lnsale (10)	lncost (11)	SCR (12)
	Total	Total	Total	Total	Total	Total	B2C	B2C	B2C	B2B	B2B	B2B
Reform	-0.121 (0.083)	-0.174 * (0.090)	0.068 *** (0.018)	-0.179 * (0.099)	-0.248 ** (0.105)	0.077 *** (0.021)	0.369 (0.232)	0.325 (0.210)	-0.002 (0.031)	-0.032 (0.093)	-0.086 (0.096)	0.060 *** (0.017)
Reform × Retail Share				0.572 (0.441)	0.723 (0.445)	-0.092 (0.085)						
企业特征变量	是	是	是	是	是	是	是	是	是	是	是	是
公司固定效应	是	是	是	是	是	是	是	是	是	是	是	是
年份 × 地区	是	是	是	是	是	是	是	是	是	是	是	是
年份 × 行业	是	是	是	是	是	是	是	是	是	是	是	是
样本量	3389	3389	3389	3389	3389	3389	1452	1452	1452	1937	1937	1937
R^2	0.638	0.674	0.434	0.638	0.674	0.434	0.516	0.580	0.400	0.781	0.762	0.525

注：样本包括服务业，即营业税改征增值税前除金融业外适用营业税的行业。括号内为省份层面聚类调整的标准误。根据万得数据库公开上市公司主营业务清单和公司年报，通过分析主营业务类型，将样本公司划分为 B2C 公司和 B2B 公司。***、** 和 * 分别表示在 1%、5% 和 10% 的水平上显著。

表 2-11　　稳健性：调整样本期

样本组	lnsale (1)	lncost (2)	SCR (3)	lnsale (4)	lncost (5)	SCR (6)	lnsale (7)	lncost (8)	SCR (9)	lnsale (10)	lncost (11)	SCR (12)
	Total	Total	Total	Total	Total	Total	B2C	B2C	B2C	B2B	B2B	B2B
面板 A	2010—2015 年											
Reform	0.151 ** (0.060)	0.167 *** (0.055)	-0.024 (0.015)	0.230 *** (0.062)	0.248 *** (0.063)	-0.019 (0.013)	-0.020 (0.117)	-0.098 (0.125)	0.027 (0.025)	0.180 ** (0.076)	0.248 *** (0.071)	-0.061 *** (0.013)
Reform × Retail Share				-0.676 ** (0.263)	-0.690 *** (0.233)	-0.040 (0.059)						
Control	企业特征变量，公司固定效应，年份×地区和年份×行业											
样本量	2598	2598	2598	2598	2598	2598	1136	1136	1136	1462	1462	1462
R^2	0.554	0.601	0.435	0.554	0.602	0.435	0.405	0.476	0.408	0.744	0.730	0.530
面板 B	2011—2014 年											
Reform	0.121 ** (0.050)	0.126 ** (0.048)	-0.011 (0.013)	0.176 *** (0.055)	0.185 *** (0.057)	-0.010 (0.014)	-0.038 (0.076)	-0.125 (0.089)	0.030 (0.024)	0.142 * (0.083)	0.190 ** (0.076)	-0.050 *** (0.012)
Reform × Retail				-0.478 ** (0.195)	-0.512 *** (0.178)	-0.009 (0.063)						
Control	企业特征变量，公司固定效应，年份×地区和年份×行业											
样本量	1767	1767	1767	1767	1767	1767	779	779	779	988	988	988
R^2	0.449	0.499	0.371	0.449	0.500	0.371	0.298	0.391	0.333	0.691	0.661	0.484

注：A 组样本期间为 2010—2015 年；B 组回归中，样本时间段为 2011—2014 年，样本包括服务业，即营业税改征增值税前除金融业外所有适用营业税的行业。控制包括企业特征变量、企业固定效应、年度—省份和年度—行业固定效应。括号内为省份层面聚类调整的标准误。在此，本章根据万得数据库中上市公司的主营业务清单和公司年报，通过对主营业务类型的分析，将样本公司分为 B2C 公司和 B2B 公司。***、** 和 * 分别表示在 1%、5% 和 10% 的水平上显著。

3. 财政和经济状况

地方政府财政状况的变化可能会影响其征税行为。陈（Chen，2017）检验了2005年中国废除农业税对地方政府税收执法的影响，发现由于废除农业税带来的财政压力，实际增值税税率平均增加了7%。增值税改征营业税是一项重要的减税改革，例如，2016年共减税5000多亿元（合769亿美元）[①]。营业税收入原本是地方政府的主要收入，“营改增”可能减少了地方政府的收入，加大了地方政府财政压力，从而促使地方政府加强税收执法，故“营改增”带来的增值税遵从效应可能是因地方财政和经济条件变化带来的[②]。事实上，在上述如回归分析中，我们控制了年份—省份和年份—行业固定效应，能够有效捕捉不同地区和行业随时间变化的趋势，包括不同地区的财政和经济状况。因此，地区财政和经济状况的不同和变化不影响本文的结论。

4. 更具可比性的公司

为纠正样本选择偏差，提高处理组与对照组的可比性，并解决“营改增”中非随机选择的对照组企业的问题，本节还采用倾向得分匹配法（PSM），利用企业相关的可观察特征，找到与处理组相似的对照组，然后使用匹配的样本来检验“营改增”改革对企业报告营业收入（成本）的影响。为了匹配改革后的样本公司和未改革的样本公司，使用面板数据和如下的logit模型估计倾向得分。

$$P_{it} = Pr(Reform_{it} = 1 \mid X_{it}) = e(X_{it}'\beta)/[1 + e(X_{it}'\beta)] \quad (2-3)$$

虚拟变量 $Reform_{it}$ 表示营业税改征增值税的改革。X_{it} 是用于匹配公司的变量向量，包括公司规模［ln(*Asset*)］、公司资本结构（*Debt*）、资产回报率（*ROA*）、市盈率（*MB*）和固定资产率（*FAR*）。然后，采用最近邻匹配来选择匹配的公司，并对匹配的协变量进行平衡性检验，以确保匹配的对照组与处理组具有可比性，详见表2－12。结果表明，服务业中“营改增”后的企

① http：//english. gov. cn/premier/news/2016/04/05/content_281475321236568. htm.

② 根据国发〔2016〕26号《全面推开营改增试点后调整中央与地方增值税收入划分过渡方案》，2016年5月1日以来各地区征收的增值税收入在中央政府与地方政府之间按五五分成。2012年至2016年5月1日，“营改增”之前，原来缴纳营业税改征为增值税的企业，其缴纳的增值税收入继续归于地方政府。

业与匹配到的未进行营改增的企业具有可比性。

表 2-12 协变量平衡性检验

变量类型	均值		% Bias	t 检验	
	处理组	控制组		t 值	p > |t|
ln(*Asset*)	12.911	12.924	-0.900	-0.160	0.874
MB	0.688	0.724	-3.700	-0.830	0.409
ROA	0.048	0.046	2.700	0.400	0.687
Debt	0.377	0.373	1.800	0.320	0.747
FAR	0.210	0.224	-7.200	-1.120	0.264

表 2-13 显示了使用匹配后样本进行回归的结果。$Reform_{it}$ 的估计系数与基准回归的结果相似，从而进一步证实：随着对最终消费者的销售份额的增加，企业报告的收入和成本将减少（因为交互项 *Reform* × *Retail* 的估计系数显著为负），改革增加了 B2B 交易下报告的营业收入和成本（因为改革变量的系数显著正），对 B2C 交易没有显著影响（因为改革变量的估计系数在 B2C 样本中不显著）。在 B2B 交易中，改革后企业报告成本的增长比报告收入的增幅要大（因为在以报告营业收入与报告营业成本的比值作为因变量的回归中，改革变量的估计系数显著为负）。这表明，即使增值税具有自我执行机制，增值税纳税人仍然有动机通过低报收入、虚增成本来减少其纳税义务。

（七）异质性分析：因所有权不同而产生的纳税激励

由于国有企业和非国有企业有不同的目标和内在激励，其在税收遵从上有不同表现。镡等（Chan et al.，2013）、吴等（Wu et al.，2013）、李和马（Li and Ma，2015）实证了非国有企业比国有企业有更强的避税动机。国有企业与政治联系更紧密，降低了被税务审计和逃税处罚的可能性，这反过来又使得国有企业产生逃税的激励（Zhang et al.，2012 年），陈冬等（2016）的研究表明国有企业确实有避税行为。与上述企业所得税遵从研究不同，本章研究的是间接税的税收遵从。为检验“营改增”对国有企和非国有企业增值税遵从影响的异质性，这里将改革变量与企业所有权变量（*SCE*，国有控股企业赋值为 1，其他赋值为 0）的交互项纳入模型 2-1 中进行回归。

表 2 - 13　　基于倾向得分匹配样本的回归结果

样本组	lnsale (1)	lncost (2)	*SCR* (3)	lnsale (4)	lncost (5)	*SCR* (6)	lnsale (7)	lncost (8)	*SCR* (9)	lnsale (10)	lncost (11)	*SCR* (12)
	Total	Total	Total	Total	Total	Total	B2C	B2C	B2C	B2B	B2B	B2B
Reform	0. 154 ** (0. 065)	0. 166 *** (0. 059)	-0. 021 (0. 013)	0. 228 *** (0. 067)	0. 246 *** (0. 069)	-0. 016 (0. 012)	-0. 054 (0. 124)	-0. 144 (0. 130)	0. 037 (0. 025)	0. 190 ** (0. 079)	0. 249 *** (0. 076)	-0. 056 *** (0. 012)
Reform × *Retail*				-0. 637 ** (0. 277)	-0. 679 ** (0. 246)	-0. 037 (0. 063)						
企业特征变量	是	是	是	是	是	是	是	是	是	是	是	是
公司固定效应	是	是	是	是	是	是	是	是	是	是	是	是
年份 × 地区	是	是	是	是	是	是	是	是	是	是	是	是
年份 × 行业	是	是	是	是	是	是	是	是	是	是	是	是
样本量	2917	2917	2917	2917	2917	2917	1272	1272	1272	1645	1645	1645
R^2	0. 599	0. 631	0. 431	0. 599	0. 632	0. 431	0. 448	0. 515	0. 421	0. 765	0. 741	0. 506

注：样本包括服务业，即营业税改征增值税前除金融业外所有适用营业税的行业。括号内为省份层面聚类调整的标准误。根据万得数据库公开上市公司主营业务清单和公司年报，通过分析主营业务类型，将样本公司划分为 B2C 公司和 B2B 公司。样本期为 2009—2015 年，***、**、* 分别表示在 1%、5%、10% 水平上显著。

表2－14显示，所有权会影响“营改增”改革对企业报告营业收入（成本）的作用。在第1—2列中，交互项（*Reform*×*SCE*）系数为负，说明改革对国有企业的影响小于对非国有企业的影响。B2C和B2B企业样本数据的回归结果与基准结果非常相似。可能因为国有企业比非国有企业具有更高的税收遵从度，使得“营改增”对国有企业的税收遵从效应低于非国有企业。与镡（Chan et al.，2013）等的研究结果一致，非国有企业比国有企业更有可能夸大成本和低报收入，以减轻税收负担。

表2－14　　　　　　　　　异质性：企业所有权

样本组	lnsale (1)	lncost (2)	SCR (3)	lnsale (4)	lncost (5)	SCR (6)	lnsale (7)	lncost (8)	SCR (9)
	Total	Total	Total	B2C	B2C	B2C	B2B	B2B	B2B
Reform	0.153 ** (0.069)	0.175 *** (0.059)	－0.025 (0.016)	－0.120 (0.168)	－0.184 (0.174)	0.051 ** (0.025)	0.152 ** (0.068)	0.209 *** (0.058)	－0.049 *** (0.016)
Reform×*SCE*	－0.053 (0.033)	－0.082 *** (0.027)	0.016 * (0.009)	0.066 (0.096)	0.058 (0.081)	－0.018 (0.020)	－0.027 (0.041)	－0.071 * (0.041)	0.037 *** (0.013)
企业特征变量	是	是	是	是	是	是	是	是	是
公司固定效应	是	是	是	是	是	是	是	是	是
年份×地区	是	是	是	是	是	是	是	是	是
年份×行业	是	是	是	是	是	是	是	是	是
样本量	3389	3389	3389	1452	1452	1452	1937	1937	1937
R^2	0.639	0.674	0.432	0.514	0.579	0.399	0.781	0.762	0.528

注：样本包括服务业，即营业税改征增值税前除金融业外所有适用营业税的行业。括号内为省份层面聚类调整的标准误。根据万得数据库公开上市公司主营业务清单和公司年报，通过分析主营业务类型，将样本公司划分为B2C公司和B2B公司。***、**和*分别表示在1%、5%和10%的水平上显著。“国有控股公司”一词表示公司的最终所有者是政府。“非国有控股公司”一词是指企业的最终所有者不是政府。

五、结　论

增值税在短短几十年内被广泛应用于各国的主要原因在于其内在的自我执行机制，然而关于增值税税收遵从优势或自我执行机制的经验证据很少。

本章借助 2012 年以来我国增值税改革的准自然实验，对增值税与营业税的税收遵从效果进行了比较，并探究了增值税的自我执行机制。

总体而言，营业税改征增值税改革会使企业报告的营业收入和营业成本显著增加，且企业报告营业成本的增长高于报告营业收入的增长。增值税遵从效应主要来自 B2B 交易企业，企业的买家和改革后的企业本身（作为买家）都有强烈的动机向卖方索取发票，以抵扣销项增值税额。“营改增”对客户主要是个人消费者的公司影响很小，因为个人消费者不需要增值税抵扣，没有索取发票的动机，无法生成第三方信息报告。基于发票制度的增值税在企业间交易中存在如下特性：第三方信息、合谋约束、税额抵扣。“营改增”后，企业报告营业收入与报告营业成本的比值下降，表明即使增值税存在自我执行机制，增值税纳税人还是有动机虚增成本、低报收入，以减少其应纳增值税。

第三章

税收征管信息化与企业税收遵从

本章内容提要：本章探讨了税务局采用先进信息技术的税收遵从效应。虽然许多政府在税收征收方面采用了先进的信息技术，但关于其对企业税收遵从的影响却知之甚少。本章采用双重差分法，借助我国税务机关逐步采用“金税三期”这一准自然实验，使用上市公司数据，采用会税差异及其残差项作为避税代理指标，研究发现“金税三期”的采用及税收征管信息化使企业避税水平降低了1.88个百分点；这种效应对税率较高的公司的影响更大。机制研究显示，加强第三方报告和提高税务局的税收执法能力，是税收征管信息化提升企业税收遵从的重要渠道。

一、引　言

加强国家治理能力和征税能力对世界各国而言十分重要（Pomeranz and Vila - Belda, 2019）。避税和逃税削弱了政府为公共服务提供资金的财政能力，导致税收结构扭曲，并对税收负担的公平分配和经济影响产生负面影响（Slemrod and Yitzhaki, 2002）①。打击逃避税是许多政府的首要任务，特别是发展中经济体。近年来的文献主要集中于信息报告在减少避税方面的作用（Kleven et al. , 2011; Pomeranz, 2015; Kleven et al. , 2016; Slemrod et al. , 2017; Slemrod et al. , 2019）。已有研究发现，广泛采用信息技术、更好地获

① 虽然逃税和避税的概念是明确的，合法性是逃税和避税之间的分界线，但在实践中，这条界限往往是模糊的（Slemrod and Yitzhaki, 2002）。

取数据以及提高数据分析能力，都有助于有效利用第三方信息，提高税收遵从度（OECD，2017）。现有研究都集中在某种特定的信息提供方式上，而现实是许多政府正试图通过采用先进的信息技术来建立全面的信息报告系统。然而，目前鲜有研究探讨这种全面的信息报告系统对税收遵从的影响。

本章通过探索我国税务机关采用全面信息报告系统“金税三期”这一改革，为信息技术采用对企业遵从度的影响提供了因果证据。“金税三期”系统使税务机关可以从多方向追踪企业的经济活动，并帮助税务机关分析企业的真实纳税义务。具体来说，“金税三期”从四个方面加强税收机关的征管能力：第一，“金税三期”升级了增值税（VAT）发票系统，使税务机关可以很好获取公司的商品/服务购销信息；第二，它提高了税务局从银行、海关、社会保险等第三方获得企业信息的便利度；第三，“金税三期”提高了审计人员处理信息的能力，从而能够更有效地识别出高遵从风险公司；最后，“金税三期”的使用使纳税人可以更便捷地进行网上办税，有助于降低企业的税收遵从成本。

本章采用双重差分方法研究“金税三期”实施的影响。从 2013 年开始，“金税三期”在各省逐步上线，本章利用 2010—2017 年中国上市公司的微观数据，研究表明采用“金税三期”能够在多方面增强税务局的税收信息和执法能力，从而减少企业逃避税行为。本研究为我国以信息技术和数据治税，建设智慧税务，推进税收征管现代化提供了经验支撑，同时也为其他意图采用先进信息技术进行税收管理的国家提供了实证参考。

机制分析发现，“金税三期”能够使税务局获得企业更多的私人信息，从而完善第三方信息报告①，进而对税收遵从产生积极影响。由于 B2B 交易中的买家有更强的动机要求开具发票以减少应纳税额，因此当买家报告其成本时，金税系统会自动报告这些信息。然而，在 B2C 交易中，个人消费者没有索取发票的动机，此时第三方信息报告缺失，金税系统的效果被弱化。第二个作用机制来自于“金税三期”来的税务局的执法能力提升。分析发现，“金税三期”对税务稽查人员相对不足的地区产生的遵从效应更大，这意味着“金税三期”作为一种信息技术，在一定程度上可以替代人力，弥补征管

① 第三方报告是指纳税人之外的其他公司或机构向税务机关报告的信息。

人员的不足。稳健性检验表明，本文的结论具有稳健性，不是由偶然性因素带来，也不是由同期的“营改增”改革引起。

此外，“金税三期”的适用对法定企业所得税税率较高的企业有更大的影响。税率对逃税行为的影响是不确定的（Hindricks and Myles，2006），而现有研究较少分析信息技术对不同税率企业的影响。借鉴阿林厄姆和桑德莫（Allingham and Sandmo，1972）、斯里尼瓦桑（Srinivasan，1973）、斯莱姆罗德等（Slemrod et al.，2017）以及欣德里克斯和迈尔斯（Hindricks and Myles，2006）的研究，本章构建了一个简单的逃避模型，逃税查处的罚款率根据逃税金额的不同而定①，先进信息技术的采用使企业逃避税被发现的几率提高，如果逃税金额越高，则会导致更高的惩罚期望。因此，企业有减少逃税的动机。由于税率较高的企业比税率较低的企业面临更高的罚款，采用先进的征管信息系统（如“金税三期”）则有助于约束税率较高的企业以减少他们的逃税行为。

本章的主要贡献在于为采用先进税收征管信息技术的税收遵从效应提供了实证证据，并阐明了作用机制。已有文献主要探究了第三方信息在某一个方面在税收征管中的重要性。波梅兰兹（Pomeranz，2015）研究了智利税收征管中第三方信息追踪的作用，并指出增值税发票成为审计中的有益信息。斯莱姆罗德等（Slemrod et al.，2017）研究了小公司纳税对信用卡信息报告的反应，发现信息报告使30%的纳税人进行了首次纳税申报，并促使企业报告的收入和支出分别增加了24%和13%。卡里略等（Carrillo et al.，2017）分析了厄瓜多尔的企业所得税报告，发现企业自行报告的收入低于第三方报告中的收入，并认为当信息和执法环境薄弱时，第三方信息在改善税收征管方面的有效性是有限的。本章的研究表明，通过采用先进信息技术提升企业多维度信息的完整性能够显著减少企业的逃避税行为。此外，信息技术可以成为人力资源的替代，在需要税务审计而税收征管人力不足的地区，采用信息技术的税收遵从效应更大。

本章的第二个贡献是探究了信息技术对具有不同税率和不同政治联系程度企业的影响。税率和政治关联通常被认为是税收遵从的影响因素（Allingham and Sandmo，1972；Slemrod and Gillitzer，2014；Kim and Zhang，2016）。本部

① 根据《中华人民共和国税收征管法》第六十三条规定，对偷税漏税的纳税人，由税务机关追缴其未缴、少缴的税款和滞纳金，并处以未缴、少缴税款50%以上五倍以下的罚款。

分提供的证据表明，如果企业的法定企业所得税税率较高或政治联系更密切，先进信息技术的影响会更强，这说明在税收征管和设计税收政策时，考虑这些也是很有必要的。

综上所述，本章的研究结果表明，更全面的信息技术是加强税收执法和提高税收遵从的有效途径。霍和马利克（Ho and Mallick，2010）讨论了信息技术能够通过节省企业成本而在供给侧产生效应。政策制定者在进一步改进信息技术系统和考虑不同企业的税率时，会发现这些结果是有用的。当考虑企业税率对企业经济绩效的影响时，这一点也很重要（Bournakis and Mallick，2018；Ufuk et al.，2018；Bournakis et al.，2013）。

本章的其余部分组织如下：第二节简要介绍了“金税三期”的相关背景。第三节提供了一个理论框架。第四节介绍了研究设计和数据。第五节为实证分析的结果，第六节为结论。

二、制度背景

1994年开始，国家税务总局（SAT）逐步建立了“金税工程”一期，主要进行增值税发票管理。1998年，国家税务总局开始建设“金税工程”二期①，包括6个子系统和一个核心的税务管理信息系统，即中国税务征管信息系统（CTAIS），分别于2001年和2003年上线。CTAIS为核心税务管理提供了支持，包括税收登记、纳税申报、支付处理和纳税人账户，并为国家税务局（NTB）管理的所有税种（包括企业所得税和增值税）的税务管理提供了一个平台。CTAIS和金税工程二期是基于信息技术税收管理系统的两个重要支柱。但是，CTAIS与金税工程二期、国税局和地税局之间没有信息的共享②。

2016年，新的税收管理系统“金税三期”在全国范围内成功上线（各地区具体实施时间见表3-1）。“金税三期”不仅整合了现有的增值税发票

① 即开具发票、电子证书、交叉核对、稽查、增值税申报和验证子系统。

② 根据中共中央和国务院关于国地税改革的决定和部署，2018年2月开始国税局和地税局合并。2018年6月，所有新合并的省级税务机关全部挂牌，标志着国地税正式合并。

系统，而且还整合了 CTAIS。它涵盖了所有的税种、国税和地税局，以及主要涉税工作，实现各类涉税事务和程序的线上办理。

"金税三期"通过四个方面影响企业所得税遵从效应。首先，"金税三期"可以收集发票上的所有数字和文本信息，包括纳税人的姓名、商品描述、单价、数量、纳税义务、税率等。新系统使纳税人开具增值税发票从原来的线下开票和定期报告转向线上开票，买家和卖家可实时上传信息到税务部门。这为纳税人和第三方（纳税人的交易方）形成了一个有效的信息报告系统，从而有助于税务机关掌握企业销售货物/劳务的具体情况，有利于激励企业在企业所得税申报表上如实申报销售收入和购买成本。

表 3-1　各地区"金税三期"上线时间

生效日期	地区
2013 年	山东、山西、重庆
2014 年	广东（深圳市除外）、河南、内蒙古
2015 年	河北、宁夏、贵州、云南、广西、湖南、青海、海南、西藏、甘肃、安徽、新疆、四川、吉林
2016 年	辽宁、江西、福建、上海、青岛（市）、北京、天津、黑龙江、湖北、陕西、江苏、浙江、深圳（市）

注：本表根据国家税务总局（SAT）提供的信息整理。

第二，"金税三期"包括个人税收管理系统（PTMS），它不仅加强个人所得税的扣缴和管理，还可以通过与社会保险和住房公积金等其他信息的交叉核对，来核实和提高企业的工资和薪金支出信息的可靠性。如上所述，除了获取纳税人及其交易对象的交易信息外，"金税三期"还保留了与第三方连接的接口，允许涉税数据与银行、海关、社会保险、工商行政管理部门等信息的匹配和共享，显著提升了获取第三方信息的广度和效率，从而提高了企业在所得税申报单上支付给员工的工资和薪金支出的真实性。

第三，纳税人信息的核实必须有可靠的征管作为后盾。在实践中，第三方信息报告在发展中经济体的有效性可能是有限的（Carrillo et al.，2017）。除了信息报告功能外，"金税三期"还有一个强大的信息处理和分析系统。在"金税三期"的帮助下，税务管理人员可以即时查看每个纳税人的详细涉税信息，包括登记、纳税申报、税款缴纳、税收优惠和处罚。它还可以通过对各种信息或数据的匹配和分析，掌握纳税人的资金流量、货物流量、资产、库存等经营信息。因此，税务机关可以通过提取常用数据指标进行横向、纵向比较，有效地找到高风险企业及其税务风险点①。有证据表明，越来越多的企业收到税务机关风险提示或检查通知，其税务风险是税务局“金税三期”的数据分析识别出来的，而不是人工随机选择的结果。

最后，“金税三期”在诸多方面都显著提升了纳税人涉税事务的便利性。如果纳税人向一个税务局（国税局或地税局）登记并报告信息，那么其他税务局或涉税部门就可以共享这些信息。纳税人无需重复申报信息或重新提交材料。通过“金税三期”，可以在线办理税务登记查询、纳税申报和缴税、退税、发票申请、电子发票开具和税收优惠申请等大多数涉税事务和手续。这实现了国家税务总局的目标：“让数据多走路，让纳税人少走路”；它还显著降低了税收遵从成本。经验证据表明，高的税收遵从成本是税务遵从的一个主要障碍（Slemrod，2019；Mahangila，2017）。“金税三期”为纳税人带来的税收便利降低了企业所得税的遵从成本，可能会提高企业税收遵从度。

综上所述，“金税三期”可能会以多种方式帮助税务机关全面、便捷地获取第三方报告信息，减少税务机关与纳税人之间的信息不对称，提高避税披露的可能性，促进企业税收遵从。此外，“金税三期”作为一种先进的税务信息系统，通过自动数据验证、匹配和对比，提高了税务机关税收稽征的效率和有效性。从某种程度来讲，“金税三期”在一定程度上能够替代税务管理人员，减少税务管理人员不作为，避免征纳人员之间的合谋。同时，“金税三期”通过简化纳税申报、发票申领开具、税收优惠的网上申请等，为纳税人提供了便利，降低了企业的税收遵从成本。

三、理论框架

基于阿林厄姆和桑德莫（Allingham and Sandmo，1972）、斯里尼瓦桑

① 例如，如果收入、利润、实际税率异常波动，波动不符合行业趋势；如果员工的平均工资低于市场水平；如果出现设备、折旧或具体费用与销售额不匹配等信号，公司就会被怀疑存在高风险。

（Srinivasan，1973）、斯莱姆罗德等（Slemrod et al.，2017）以及欣德里克斯和迈尔斯（Hindricks and Myles，2006）开创性研究，本节构建了一个企业纳税申报的理论模型。

假设风险中性的企业进行纳税申报。企业的真实收入水平是 y，企业自己知道但税务机关不知道。该企业申报的收入 x 按恒定的税率 t 纳税。未申报的收入金额为 $y-x \geq 0$，未缴税款为 $t(y-x)$。当企业被发现有未缴税款时，要缴纳未缴税款，并按照对逃税的金额进行罚款 $F(t(y-x))$。为简单起见，这里假设 $F''(.)=0$。如果企业低报了收入，那么被查获的可能性是 $\phi(x)$，$\phi'(x)<0$ 且 $\phi''(x)>0$。也就是说，企业低报收入被抓住的概率函数是单调递减且具有凸性的。在引入“金税三期”后，对于报告的每个收入水平，被捕获的概率 $\psi(.)$ 都高于以前：

$\forall x, \psi(x)>\phi(x)>0$, with $\psi'(x)<0, \psi''(.)>0$ and $\psi'(x)<\phi'(x)<0, \forall x$

因此，该公司的预期税后收入为：

$$\pi = y - tx - \phi(x)[1+F(t(y-x))]t(y-x) \tag{3-1}$$

对于内解，最优的报告收入由一阶条件确定：

$$F'(t(y-x))t\phi(x)(y-x)+[1+F(t(y-x))][\phi(x)-\phi'(x)(y-x)]=1 \tag{3-2}$$

当逃避额外一个单位收入时，模型 3-2 的左侧衡量的是预期惩罚的边际损失，右边衡量的是税后收入的边际收益。

左边是 x 的减函数，也就是说，报告的收入越高，预期惩罚就越小。比较静态分析表明，当税率上升时，函数曲线向上移动，从而产生更高的最优申报收入。由于税率的提高会导致罚款率的提高，因此，更高的税率会促使企业报告更多的收入，这一结论与现有文献相一致[①]。当函数 $\phi(.)$ 变为 $\psi(.)$，因为 $\psi(x)>\phi(x)>0$ 并且 $\psi'(x)<\phi'(x)<0$，$\forall x$，左侧曲线向上偏移，从而产生更高的最优报告收入。换言之，如果报告的收入水平被查获到的概率较低，企业就有更大的动机低报收入。因此，较高的税率会使左侧曲线向上移动，而较低的税率则会使其向下移动。两种影响相互作用而确定最优报告收入。虽然税率越高惩罚越重，但如果被发现的概率很低，企业仍

① 参见欣德里克斯和迈尔斯（Hindricks and Myles，2006）。

会选择申报较低的收入。

此外，在实施“金税三期”后，被查获到的概率 $\phi(.)$ 变化为 $\psi(.)$，左侧向上偏移的距离 Δ 为：$\forall x$

$$\Delta = F'(t(y-x))t[\psi(x)-\phi(x)](y-x)+(1+F(t(y-x)))[(\psi(x)-\phi(x))+(\phi'(x)-\psi'(x))(y-x)] \tag{3-3}$$

由此推导出：

$$\frac{\partial\Delta}{\partial t}=[F''(t(y-x))(y-x)t+F'(t(y-x))][\psi(x)-\phi(x)](y-x)+F'(t(y-x))(y-x)[(\psi(x)-\phi(x))+(\phi'(x)-\psi'(x))(y-x)] \tag{3-4}$$

和

$$\frac{\partial\Delta}{\partial t}>0, \forall x<y \tag{3-5}$$

由 $\phi(.)$ 变到 $\psi(.)$ 后，如果税率越高，左侧曲线向上移动的幅度就越大。这意味着，如果税率越高，报告收入的增长就会越大。结果如图 3－1 所示，并总结了以下两个预测：当报告收入水平逃税被查获的概率较高时：①将减少逃税行为；②税率越高，逃税的减少幅度就越大。

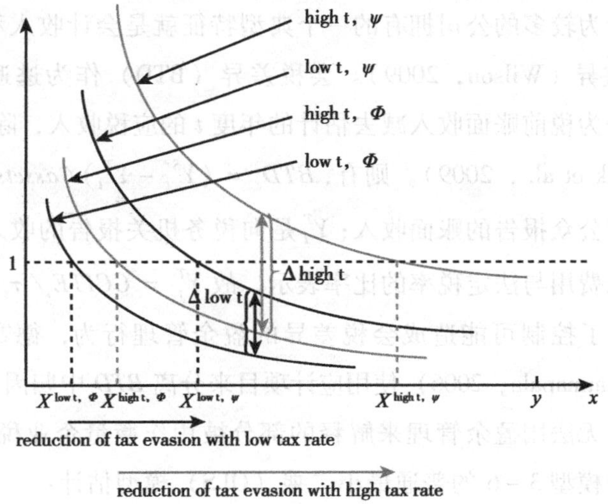

图 3－1 使用“金税三期”后不同税率下逃税的减少情况

“金税三期”的实施增加了每个报告收入水平逃税被查获的可能性；如果逃避额外单位的收入，边际预期惩罚增加，故该公司有减少逃税的动机。由于高税率会提高罚款率，高税率公司比低税率公司面临更大的惩罚。因此，逃税被查获概率的增加为高税率的公司提供了更多的威慑，有助于减少其逃税行为。

四、数据、变量和实证策略

（一）被解释变量：避税

有效税率是衡量避税情况的一种方式，但是年度有效税率可能会随时间发生较大的变化，无法有效地反映避税情况。当企业亏损时，会出现有效税率的分母小于零而难以定义的问题，同时有效税率包括当期税收和递延税收（Dyreng et al.，2008）。由于避税和逃税都是不可观测的，在实证中已有文献大多使用两种指标衡量逃避税行为（Richardsonet et al.，2016）。第一，会计—税收差异（BTD）常用来衡量避税行为（Manzon and Plesko，2002），因为逃避税行为较多的公司拥有的一个典型特征就是会计收入和应税收入之间存在巨大差异（Wilson，2009）。会税差异（BTD）作为逃避税的代理指标，计算方法为税前账面收入减去估计的年度 t 的应税收入，除以 $t-1$ 年度总资产（Frank et al.，2009）。则有，$BTD_t=(Y^S{}_t-Y^T{}_t)/assets_{t-1}$，其中：$Y^S{}_t$ 表示向股东和公众报告的账面收入；Y^T_t 是向税务机关报告的收入水平，用当前企业所得税费用与法定税率的比率表示，故 $Y^T_t=CCITE_t/\tau_t$。

其次，为了控制可能造成会税差异的盈余管理行为，德赛和达马帕拉（Desai and Dharmapala，2006）使用应计项目来分离 *BTD* 中归因于盈余管理的部分。*BTD* 中无法用盈余管理来解释的部分被用作衡量企业税收激进行为。具体来说，由模型 3-6 的普通最小二乘（OLS）模型估计：

$$BTD_{it}=\alpha\cdot AT_{it}+\mu_i+\varepsilon_{it} \tag{3-6}$$

其中，AT_{it} 为公司年度应计总额除以滞后一期的总资产；BTD_{it} 与之前一致；μ_i 和 ε_{it} 分别为公司 i 在2010—2017年这一样本期的残差平均值和在 t 年的个体残差，$TS_{it}(=\mu_i+\varepsilon_{it})$ 这一回归的残差旨在衡量不能被总应计的变化解释，是避税行为（避税和逃税）的一种衡量方式。在本章中，将使用 BTD_{it} 和 TS_{it} 一起衡量企业避税行为，且较高的 TS_{it} 或 BTD_{it} 均意味着企业存在着更多的避税行为。

（二）实证模型

"金税三期"工程是一项分省试点和分时间渐进上线的税收征管系统。"金税三期"的使用为本章提供了利用双重差分法（DID）来评估征管信息技术的税收遵从效应的机会。本节设定的模型如下：

$$Taxshelter_{it} = \alpha + \beta GTP_{it} + \gamma X_{it} + A_t + C_i + \varepsilon_{it} \tag{3-7}$$

在式3-7中，$Taxshelter_{it}$（TS 和 BTD）是对企业税收遵从的衡量指标。GTP_{it} 为一个虚拟变量，如果一个省在采用"金税三期"当年及其后赋值为1，否则为0，系数 β 反映了采用"金税三期"对企业税收遵从的影响。若 β 为负，则表明使用"金税三期"带来的涉税信息便利性和可及性能够使企业减少逃避税行为。

参考已有文献（Chan et al.，2013；Wilson，2009；Xia et al.，2017；Taylor et al.，2019），本章引入一组可能影响企业纳税行为或逃避税的公司层面变量作为控制变量。*Size* 表示公司规模，以总资产的自然对数衡量；*ROA* 是税前收入与总资产的比值；*leverage* 表示公司的资本结构，以负债总额除以总资产来衡量。*Fix_asset* 和 *Inta_asset* 均为资产结构变量，前者为固定资产与总资产的比率，后者为无形资产与总资产的比率。*MB* 表示账面市值比，其计算方法为股东权益与公司市值之比。A_t 为控制的年份固定效应，C_i 为公司固定效应。γ 是控制变量系数向量。α 和 ε_{it} 分别是常数项和误差项。

（三）数据

本章选取沪深A股非金融公司为样本，重点分析了2010—2017年后全球金融危机时期企业避税行为的变化。按照常规做法（Chan et al.，2013），金融和保险公司因其特殊的财务报告系统被剔除在样本外。在计算避税指标时，本章剔除了模型所需变量缺失和不足的样本。参照现有研究，剔除会计税收差异（*BTD*）在 -1 到 1 之间的异常值（Gupta and Newberry，1997；Chan et al.，2013）。除公司所得税的法定税率来自 Wind 数据库外，其余公司层面数据均来自于国泰安数据库（CSMAR）。稳健性检验中使用的实际人均 GDP、GDP 增长率、财政收入和财政支出等变量，均源自于《中国统计年鉴》。表 3-2 为主要变量的描述性统计数据。*GTP* 的平均值为 0.3309，说明约 33% 的样本属于处理组，其余 66% 的样本为对照组。

表 3-2　各变量的描述性统计数据

变量	样本量	均值	标准差	最小值	最大值
TS	9234	-0.0164	0.2917	-0.9201	0.7224
BTD	9234	0.2442	0.2998	-0.9999	0.9998
GTP	9235	0.3309	0.4706	0.0000	1.0000
Size	9234	13.0629	1.2816	9.6920	19.2984
ROA	9234	2.8181	3.8488	-36.6970	23.0920
leverage	9234	0.4959	0.2009	0.0075	1.1178
fix_asset	9234	0.2102	0.1540	0.0000	0.8460
inta_asset	9234	0.0423	0.0443	0.0000	0.6773
MB	8941	1.1351	1.1055	0.0362	12.1002
lrpgdp	9235	1.6381	0.4392	0.2298	2.4415
gdpgr	9235	8.0920	2.4437	-2.3000	18.8000
FB	9235	0.6720	0.1949	0.0665	0.9314

为了确保 DID 回归结果的可靠性，我们首先进行了平行趋势假设检验。如上所述，中国自 2013 年引进“金税三期”进行试点，直至 2016 年“金税三期”才在各省全面使用。因此，在 2010—2017 年这一样本期不能直接分为对照组和处理组来进行比较。在图 3-2 中，2016 年（不包括 2016 年）前企业所在地的税务局采用“金税三期”的公司被视为“处理组”；相应地，在 2016 年所在地税务局采用“金税三期”的公司被视为“对照组”。在此基础上，分别计算了 2010—2017 年对照组和处理组税收遵从变量的平均值。图 3-2 绘制了两个逃避税指标 BTD 和 TS 的变化趋势。对照组和处理组在

2013年前的变化趋势大致相同。2013年以后，随着2016年前使用“金税三期”系统的税务局（处理组公司所在地）数量的增加，平均税收遵从水平也明显低于对照组。随着“金税三期”在全国范围内的应用，控制组公司所在的税务局在2016年也使用了“金税三期”，使得2016年控制组和处理组之间的平均企业税收遵从水平差异有所减小。由于各省均已引入“金税三期”，2017年两组之间的差异大幅缩小。综上可知，平行趋势检验结果与本文预期相符。

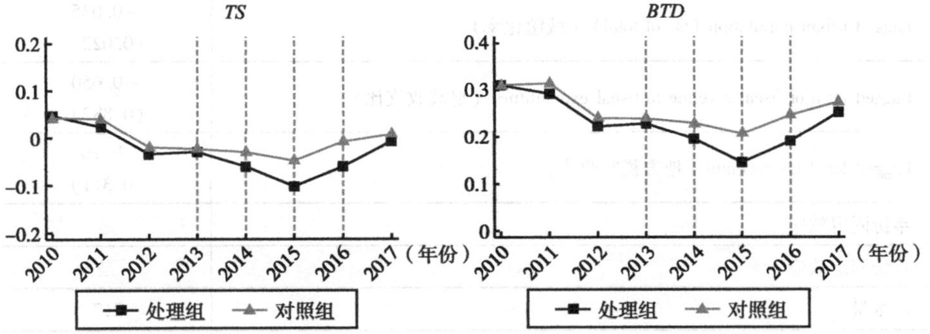

图3-2　关于“金税三期”对减少避税措施的影响的图形证据

注：垂直虚线表示引入“金税三期”的时间。以2016年之前（不包括2016年）税务局采用“金税三期”地区的公司为“处理组”，2016年税务局采用“金税三期”地区的公司为“对照组”。

本章的识别策略依赖于所有省份采用“金税三期”的情况与不同时期的区域特征没有关联的假定。需要注意的是，使用“金税三期”是否是由经济水平、产业结构、地方财政状况或信息水平所驱动的。为解决这一问题，借鉴布尔曼等（Buhlmann et al.，2018）的研究，根据滞后一期的省级经济变量，通过回归分析预测“金税三期”的使用，如果这些变量在统计学上不显著，则证实了识别策略假设的有效性。这里使用2010—2017年各省人均GDP、第二产业占比、第三产业占比、互联网宽带用户、城市人口与总人口比率、财政收入与财政支出比率、地方税收收入等经济社会指标对是否采用“金税三期”进行回归，回归结果（见表3-3）在统计学意义上均不显著，从而证实了各省采用“金税三期”与区域特征不相关的假设，可以认为“金税三期”在各地区的上线是外生的。

表 3-3　回归结果：影响“金税三期”采用的因素

变量	*GTP*
Lagged log of GDP per capita（人均 GDP 自然对数）	0.803 (0.562)
Lagged share of secondary industry in GDP（第二产业占比）	0.030 (0.027)
Lagged share of tertiary industry in GDP（第三产业占比）	0.020 (0.029)
Lagged log of broadband subscribers of internet（宽度用户数的自然对数）	0.146 (0.179)
Lagged urban population（% of total）（城镇化率）	-0.035 (0.022)
Lagged ratio of fiscal revenue to fiscal expenditure（财政收支比）	-0.650 (0.882)
Lagged local tax revenue（地方税收收入）	-0.169 (0.311)
年份固定效应	是
省份固定效应	是
样本量	217
R^2	0.711

注：所有变量都取滞后一期；本表显示了省级变量对“金税三期”采取的回归结果。控制年份和省份固定效应的回归。标准误显示在括号中。

五、实证研究结果

（一）回归结果

1. 基准回归

表 3-4 报告了“金税三期”影响企业税收遵从的基准回归结果，变量 *GTP* 的系数反映了使用“金税三期”对企业税收遵从行为的因果效应。本节通过逐步添加控制变量，以观察回归结果的稳健性。在列（1）和列（3）中只控制年份和公司固定效应，在列（2）和列（4）进一步控制了随时间变化的公司特征变量。

在所有的回归中，同时使用两种税收遵从指标作为被解释变量。可以看到，“金税三期”的使用与企业逃避税呈负相关，这表明“金税三期”的使用显著减少了企业逃避税行为。列（2）和列（4）的估计结果表明，“金税三期”的使企业逃避税减少了1.88%。如前一节所述，“金税三期”可以极大地改善第三方和纳税人的信息报告，有助于加强税务机关的监督和稽查。监管的加强和惩罚风险的加大抑制了企业避税行为，产生了预防性的威慑效果（Pomeranz，2015）。此外，“金税三期”的使用也可以简化和便利纳税人的办理涉税事务的流程，即通过降低纳税人的遵从成本和提高税务部门的满意度来提高税收遵从度。这一研究结果与前文的理论分析以及斯莱姆罗德等（Slemrod et al.，2017）、阿穆尼亚和洛佩兹·罗德里格斯（Almunia and Lopez－Rodriguez，2018）和马汉吉拉（Mahangila，2017）的研究结论一致。

表3－4　“金税三期”对企业税收遵从的影响：基准回归结果

	因变量：*TS*		因变量：*BTD*	
	(1)	(2)	(3)	(4)
GTP	−0.0278** (0.0114)	−0.0187*** (0.0072)	−0.0283** (0.0120)	−0.0188** (0.0074)
Size		0.0336*** (0.0113)		0.0394*** (0.0118)
ROA		0.0538*** (0.0018)		0.0567*** (0.0019)
leverage		−0.1353*** (0.0296)		−0.1445*** (0.0305)
fix_asset		−0.1422*** (0.0409)		−0.1995*** (0.0418)
inta_asset		0.0414 (0.1172)		−0.0366 (0.1229)
MB		−0.0199*** (0.0044)		−0.0196*** (0.0043)
年份固定效应	是	是	是	是
公司固定效应	是	是	是	是
样本量	9234	8941	9234	8941
R^2	0.0524	0.6076	0.0594	0.6242

注：***、**分别表示1%和5%水平的显著性。括号里为标准误在公司层面聚类。使用“金税三期”的变量 *GTP* 在采用当年和以后赋值为1，否则为0。

2. 平行趋势和动态效应

如上所述，处理组和对照组样本在使用“金税三期”前需呈现出平行趋势，是确保DID分析有效性的基础，图3－2初步支持了平行趋势假设。为进一步证明平行趋势假设的有效性，这里还通过事件分析估计了动态处理效应，同时检验“金税三期”的使用与企业税收遵从之间的动态关系。参照贝克等（Beck et al.，2010）研究，在回归模型中引入了一系列虚拟变量，以探究使用“金税三期”对企业避税水平的动态影响：

$$Taxshelter_{it} = \alpha + \beta_1 D_{it}^{-5} + \beta_2 D_{it}^{-4} + \beta_3 D_{it}^{-3} + \beta_4 D_{it}^{-2} + \beta_5 D_{it}^{-1} + \beta_6 D_{it}^{+1} + \beta_7 D_{it}^{+2} + \beta_8 D_{it}^{+3} + \gamma X_{it} + A_t + C_i + \varepsilon_{it} \quad (3-8)$$

其中，“金税三期”使用哑变量 D 取值为0，除了在以下情况：D^{-k} 在企业所在地税务局“金税三期”上线之前的第 k 年赋值为1；D^{+k} 在企业所在地税务局使用“金税三期”之后的第 k 年赋值为1；如 D^{+1} 在“金税三期”被采用的第一年（即系统上线当年）赋值为1，其他赋值0；D^{+3} 在“金税三期”被采用的第三年及以后赋值为1，其他赋值0。在回归中，以“金税三期”采用前的第六年作为基年，其他变量和参数保持与模型3－7中的相同。

表3－5为基于模型3－8的回归结果，结果表明在使用“金税三期”之前的所有年份中，使用“金税三期”的虚拟变量的估计系数在统计上均不显著，即在使用“金税三期”之前处理组和控制组企业逃避税行为并没有显著差异，而在使用“金税三期”后，虚拟变量的系数显著为负。在第（1）列中可以看到，在使用“金税三期”的第一年，由 *TS* 衡量的避税程度在10%的水平上显著，D^{+2} 和 D^{+3} 的系数在5%的水平显著为负，且系数的绝对值在变大，说明“金税三期”对提高的税收遵从效应在第二年和第三年（及以后）逐渐增强。在列（2）中，以 *BTD* 作为因变量的结论与列（1）中的结论相似。综上所述，在使用“金税三期”之前，企业的逃避税行为并无显著改变，“金税三期”的使用显著提高纳税人的税收遵从度。

表 3-5　“金税三期”对企业税收遵从的动态影响

	因变量：*TS*	因变量：*BTD*
	(1)	(2)
D^{-5}	-0.0009 (0.0129)	0.0004 (0.0134)
D^{-4}	-0.0036 (0.0212)	-0.0011 (0.0222)
D^{-3}	-0.0250 (0.0294)	-0.0193 (0.0312)
D^{-2}	-0.0432 (0.0381)	-0.0356 (0.0401)
D^{-1}	-0.0730 (0.0468)	-0.0601 (0.0493)
D^{+1}	-0.0957* (0.0552)	-0.0824 (0.0579)
D^{+2}	-0.1332** (0.0633)	-0.1136* (0.0663)
D^{+3}	-0.1511** (0.0747)	-0.1281* (0.0778)
企业特征变量	是	是
年份固定效应	是	是
公司固定效应	是	是
样本量	8941	8941
R^2	0.6087	0.6248

注：***、** 分别表示1%和5%水平的显著性。括号里的标准误是在公司层面聚类调整。

3. 税收执法如何与税率相互作用

前文理论模型显示，对任何的报告收入如果被查获的概率更高时，税率越高则企业逃避税减少得越多。本节将验证这一假设。中国约有52%的上市公司享受15%的优惠税率，而不是25%的法定基本税率。

税率对税收遵从的影响在税收理论和政策中具有重要意义。阿林厄姆和桑德莫（Allingham and Sandmo，1972）表明，税率与企业报告收入之间的联系尚不清楚，这取决于纳税人的风险偏好、收入效应和替代效应。博尔迪尼翁（Bordignon，1993）证实提高税率将减少纳税人的福利，因此纳税人试图通过增加其逃税活动来避免福利损失。克洛特费尔特（Clotfelter，1983）、波默雷恩和汉内曼（Pommerehne and Hannemann，1996）得出税收违规行为与边际税率呈显著正相关。菲斯曼和魏（Fisman and Wei，2004）通过考察中国关税税率与“逃税缺口”之间的关系，量化了税率对逃税的影响，发现税率每增加1%，逃税就会增加3%。然而，也有实证分析表明边际税率与逃税行为呈负相关关系（Feinstein，1991）。

我国企业所得税的法定基本税率为25%，符合条件的高新技术企业①适用的所得税税率为15%。本节分别按照适用基本税率企业和适用低税率企业分组进行估计②。表3-6中的（1）、（2）和（4）、（5）列显示了使用“金税三期”对实行基本税率和低税率的样本企业的分组回归，结果显示“金税三期”的使用对基本税率为25%的公司的影响显著为负，但对税率为15%的公司的影响并不显著。此外，在列（3）和列（6）中，将GTP和税率25%（taxrate 25）交互项（税率25% =1，税率15% =0）引入到模型中，该交互项系数在模型中显著为负，意味着相比于企业所得税税率为15%的公司，“金税三期”的使用对企业税收不遵从的抑制效果在适用25%企业所得税税率的公司更为显著③（见表3-7）。这一结果与本章的理论预测相一致，也与克洛特费尔特（Clotfelter，1983）、波默雷恩和汉内曼（Pommerehne and Hannemann，1996）以及菲斯曼和魏（Fisman and Wei，2004）的研究结论相一致。

---

① 高新技术企业的要求包括研发强度（如销售额超过2亿元的公司的研发强度规模门槛为3%）、高科技产品销售额（占总销售额的60%）、大学学历人员（占劳动力的30%）和研发人员（占劳动力的10%）。

② 除适用于合格高新技术企业的标准税率为25%和15%的税率外，少数企业实际符合不同税率（如10%、24%、22%）。根据中国规定（财税〔2012〕27号、财税〔2016〕49号），重点软件生产企业和IC设计企业可减免10%。2008年CIT改革前，中国国内企业的名义CIT率为33%。一些位于特定地区并符合规定条件的企业有资格享受低税率，如15%。改革后，国务院印发了《关于实施企业所得税转型优惠政策的通知》（国发〔2007〕39号）。根据这份文件，原享受低税收优惠的企业在新税法实施后5年内逐渐转变为法定税率；具体来说，以前使用15%CIT税率的企业在2008年税率为18%，2009年税率为20%，2010年税率为22%，2011年税率为24%，2012年税率为25%。因此，少数公司使用22%和24%的税率。由于很少有样本的税率不是25%或15%（在总样本数据中只有286个），本章分别使用标准税率组（25%）和低税率组（15%）分析了使用“金税三期”对税收遵从度的影响。

③ 本章还分别使用25%的税率组和其他低于25%的税率组来进行估计，并且估计的结果是一致的。结果见表3-7。

表3-6　“金税三期”对企业税收遵从的影响：税率的作用

	被解释变量：*TS*			被解释变量：*BTD*		
	税率=25% (1)	税率=15% (2)	全样本 (3)	税率=25% (4)	税率=15% (5)	全样本 (6)
GTP	-0.0316 ** (0.0127)	-0.0053 (0.0088)	-0.0060 (0.0087)	-0.0306 ** (0.0133)	-0.0044 (0.0088)	-0.0056 (0.0088)
GTP × *taxrate* 25			-0.0256 * (0.0154)			-0.0258 * (0.0158)
企业特征变量	是	是	是	是	是	是
年份固定效应	是	是	否	是	是	否
公司固定效应	是	是	是	是	是	是
R^2	0.5496	0.6844	0.6307	0.5636	0.7022	0.6507
样本量	3904	4752	8656	3904	4752	8656

注：在模型中引入了交互项（*GTP* × *taxrate* 25），其中 *taxrate* 25（即税率25% =1，税率15% =0）是企业适用税率的指示变量。***、** 和 * 表示在1%、5%和10%水平上的显著性。括号里为标准误，在公司层面聚类调整。

表3-7　“金税三期”对企业税收遵从的影响：税率的作用

	TS			*BTD*		
	税率=25% (1)	税率<25% (2)	全样本 (3)	税率=25% (4)	税率<25% (5)	全样本 (6)
GTP	-0.0316 ** (0.0127)	-0.0042 (0.0087)	-0.0052 (0.0086)	-0.0306 ** (0.0133)	-0.0036 (0.0087)	-0.0053 (0.0087)
GTP × *ntaxrate* 25			-0.0254 * (0.0152)			-0.0254 * (0.0157)
控制变量	是	是	是	是	是	是
年份固定效应	是	是	否	是	是	否
公司固定效应	是	是	是	是	是	是
组别-年份固定效应	否	否	是	否	否	是
组别-地区固定效应	否	否	是	否	否	是
样本量	3904	5037	8941	3904	5037	8941
R^2	0.5496	0.6753	0.6307	0.5636	0.6939	0.6474

注：本章在模型中引入了交互项（*GTP* × *ntaxrate* 25）；虚拟变量 *ntaxrate* 25 表示法定税率是否为25%（税率 25% =1，否则 =0）。** 和 * 分别表示 5%和10%水平的显著性。括号里为标准误，在公司层面聚类调整。

已有文献中认为税率对逃税行为的有两种相反的影响①，并尚存争议。本节研究发现使用更先进的税收征管信息系统后高税率企业的逃避税行为减少的幅度更大，且本章的理论模型也为此提供了支撑。由于罚款金额取决于逃税额，而逃税额又取决于税率，因此，税率高的企业比税率低的企业面临更高的罚金。在逃避税行为被查获的概率上升后，税率较高的公司受到更大的威慑，从而选择减少其税收非遵从行为。

（二）稳健性

1. 安慰剂检验

尽管基准回归证实了“金税三期”对企业非遵从行为具有威慑效果，但即使控制了时间固定效应，“金税三期”变量与企业税收遵从指标之间的关系也可能只是偶然的。为了检验这一潜在问题，本节进行了三种安慰剂检验。

根据企业所在地税务局开始使用“金税三期”时，设置虚假的使用年份重新评估“金税三期”对企业税收遵从的影响，这里分别将实际使用“金税三期”前的第二年和第三年设定为使用年，利用虚假的核心变量（*GTP*）来进行回归。回归结果见表3-8，在（1）和（2）列中，虚假的“金税三期”使用年份为实际使用年份前的第二年，衡量避税的因变量仍为*TS*和*BTD*，此时*GTP*的回归系数为负，但不显著。在（3）和（4）列中，虚假的“金税三期”使用年份为实际使用年份前的第三年，回归结果仍不显著。这表明，使用“金税三期”和企业税收遵从行为的研究结果不应归因于偶然性。

---

① 一方面，高税率使其对避税更有利可图。由于更高的税率意味着更高的企业税收成本，增加企业融资需求，这可能增加财务限制下的企业避税（Edwards et al.，2015）。另一方面，提高税率会产生提高罚款的效果，因为罚款通常取决于逃税的数额，而逃税本身就是税率的函数。这可以减少避税。

表 3－8　　安慰剂检验

	GTP 赋值比真实时间早两年		*GTP* 赋值比真实时间早三年	
	TS (1)	*BTD* (2)	*TS* (3)	*BTD* (4)
GTP	－0.0034 (0.0069)	－0.0033 (0.0071)	0.0047 (0.0076)	0.0043 (0.0079)
企业特征变量	是	是	是	是
年份固定效应	是	是	是	是
公司固定效应	是	是	是	是
样本量	8941	8941	8941	8941
R^2	0.6072	0.6238	0.6072	0.6238

注：括号里为标准误，在公司层面聚类调整。

为了检查遗漏变量对于结果的影响，参考已有文献（Chetty et al.，2009；Liu and Mao，2019；Li et al.，2016），通过随机选定处理组企业，进行随机置换的非参数检验。由于“金税三期”在不同地区的使用时间不同，处理组公司的数量会随年份的变化而变化，为了模拟这一情况，每一年处理组都会被随机指定。通过这种方法，构造了虚拟的 *GTP* 变量，使用虚拟的“金税三期”变量按照表 3－4 列（2）和列（4）的设定重新估计基准模型。考虑到“金税三期”政策变量为随机生成，虚构的“金税三期”变量应该不会产生显著的估计结果；否则，它将表明基准模型的估计有误。这里重复了 500 次随机设定和回归以增加这个安慰剂检验的可信度，如果“金税三期”的实际使用确实减少了避税行为，则预计实际估计系数将位于估计安慰剂效应分布的较低尾部。

图 3－3 显示了重复 500 次的随机赋值，以及基于表 3－4 中列（2）和（4）模型设定“金税三期”*GTP* 变量的估计值。与预期一致，安慰剂检验中“金税三期”使用变量估计系数的分布明显以 0 为中心，标准差较小，说明随机构建的“金税三期”使用变量对企业税收遵从没有显著影响。同时，表 3－4 中第（2）和（4）列中的 *GTP* 变量基准估计值以图 3－3 的（a）和（b）中的垂直红线所表示，位于安慰剂系数的下尾外部。综上结果表明，使用“金税三期”对企业税收遵从的显著影响并不是由未观察到的因素驱动的。

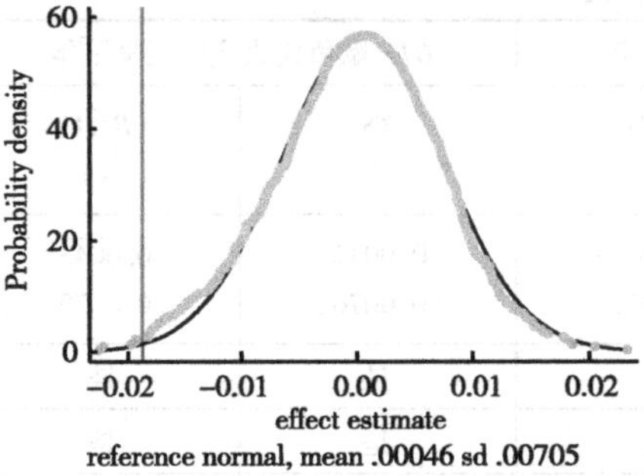

（a）Tax sheltering=TS

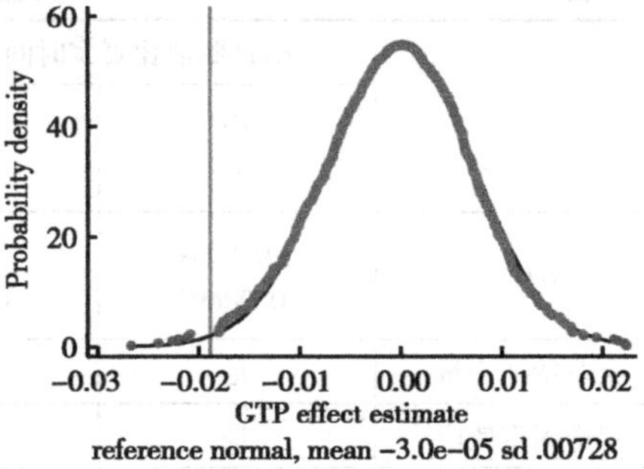

（b）Tax sheltering=BTD

图3-3　随机置换安慰剂检验估计系数的分布

注：图中绘制了使用表3-4第（2）和（4）列的模型设定，重复500次随机虚构“金税三期”GTP变量的估计系数的分布密度，垂线分别表示表3-4中第（2）列和第（4）列中报告的GTP处理效果的估计值。

2. “营改增”改革

2012—2016年中国实施营业税改征增值税的改革，将缴纳营业税的行业（除加工、修理修配外所有服务，建筑业和房地产业）改革后改征增值税。增值税制度有三种特征（第三方信息报告、预扣税款和不对称激励），具有自我执行机制（Kopczuk and Slemrod，2006；Pomeranz，2015；Waseem，2019；Li and Wang，2020），这使“营改增”改革会促进企业报告销售额和成本增加。瓦西姆（Waseem，2019）使用巴基斯坦增值税试点推进和微观层面的制造商数据，发现营业税改征增值税使得公司的应税销售额显著增加。而企业报告的收入（成本）的变化可能会影响CIT税收遵从度，且“营改增”与“金税三期”的使用时间重叠，故显示使用“金税三期”减少避税的回归结果可能不是由税收信息系统优化所致，而是由“营改增”引起。

为了排除将“营改增”的潜在影响，将“营改增”企业剔除在样本外，重新估计公式3-7。如表3-9所示，在（1）和（3）列中，选取“营改增”前后始终缴纳增值税的制造业、批发和零售业的企业作为样本进行回归。回归结果表明，当因变量为TS或BTD时，该系数在5%水平上为负且显著，说明在没有“营改增”影响的情况下，“金税三期”的使用仍能显著减少企业的逃避税行为。此外，进一步还将农业、采矿业、电力、热力、天然气和水的生产和供应企业加入样本进行回归，结果如（2）和（4）列所示，在5%水平上仍然为负且显著，进一步证明了“营改增”并未影响本章的基本结论，即“金税三期”的使用能够显著提升企业的税收遵从。

表3-9　　　　排除“营改增”改革的影响

	Dependent variable：*TS*		Dependent variable：*BTD*	
	(1)	(2)	(3)	(4)
GTP	-0.0190 ** (0.0078)	-0.0188 ** (0.0079)	-0.0198 ** (0.0077)	-0.0202 ** (0.0078)
企业特征变量	是	是	是	是
年份固定效应	是	是	是	是
公司固定效应	是	是	是	是
样本量	6791	7171	6791	7171
R^2	0.6671	0.6853	0.6493	0.6689

注：** 表示5%水平的显著性，括号里为标准误，在公司层面聚类调整。

3. 宏观经济周期与地方财政状况

由于宏观经济的变化会影响企业的财务约束，财务受限的公司可能通过多种方式来减少现金流出。爱德华等（Edwards et al.，2015）研究发现，受宏观经济影响面临财务约束的企业更容易出现逃避税行为。中国企业的税收遵从行为也可能随宏观经济周期而变化。在样本期2010—2017年，我国GDP年增长率从2010年的10.6%下降到2017年的6.9%，经济增长率逐渐下降①。前文的研究已经控制了时间固定效应，本节将进一步通过控制实际人均GDP（Lrpgdp）和GDP增长率（Gdpgr）的自然对数这两个变量来控制宏观经济周期变化的影响，以进一步验证本文的结论。表3-10中的（1）和（2）列显示了估计结果，使用“金税三期”的估计系数仍然显著为负，与我们的基本估计结果相似。

① https：//data.worldbank.org/indicator/NY.GDP.MKTP.KD.ZG?locations=CN.

表 3-10　　排除经济周期变化和财政状况的影响

	Business cycle change		Local fiscal conditions	
	TS (1)	*BTD* (2)	*TS* (3)	*BTD* (4)
GTP	-0.0180 ** (0.0072)	-0.0182 ** (0.0074)	-0.0189 *** (0.0073)	-0.0191 ** (0.0074)
企业特征变量	是	是	是	是
经济/财政状况	是	是	是	是
年份固定效应	是	是	是	是
公司固定效应	是	是	是	是
样本量	8941	8941	8941	8941
R^2	0.6081	0.6249	0.6081	0.6249

注：***，** 分别表示 1% 和 5% 水平的显著性，括号里为标准误，在公司层面聚类调整。

地方政府的财政状况可能会影响其自身的税收努力。陈（Chen，2017）研究了 2005 年我国废除农业税对税收执法的影响，发现废除农业税带来的财政压力使有效增值税税率提高了 7%。除了由于经济增长下降导致财政收入的相对减少外，“营改增”也是样本期一项重要的税收减免改革。自 2012 年以来，中国通过“营改增”实现了企业减税约 2 万亿元（约合 3152 亿美元）①。因此，“营改增”很可能减少了财政收入，增加了地方政府的财政压力，加强了地方政府税收执法力度。为了探究地方财政状况对本章结论的潜在影响，本节在模型中加入财政收入与财政支出之比作为财政压力的替代变量，回归结果如表 3-10 的（3）和（4）列所示，“金税三期”变量的估计系数仍为负且显著，说明地方政府财政状况并未影响到本章的结论。考虑到行业政策的变化也可能影响到本章的研究结果，故本节又加入了年度—行业固定效应以控制行业的时间趋势，回归结果见表 3-11，与基准估计结果一致。

① http://www.xinhuanet.com/english/2018-03/05/c_137016998.htm.

表 3-11 排除行业层面政策变化的影响

	被解释变量：*TS*		被解释变量：*BTD*	
	(1)	(2)	(3)	(4)
GTP	-0.0228 * (0.0117)	-0.0149 ** (0.0073)	-0.0230 * (0.0122)	-0.0146 ** (0.0074)
企业特征变量	否	是	否	是
年份固定效应	是	是	是	是
公司固定效应	是	是	是	是
行业-年份	是	是	是	是
样本量	9234	8941	9234	8941
R^2	0.0681	0.6194	0.0729	0.6346

注：** 和 * 分别表示 5% 和 10% 水平的显著性。括号里为标准误，在公司层面聚类调整。

4. 进一步的稳健性检验

在本节中从两个方面进行稳健性检验。首先，如基准回归模型所述，企业所在省（或市）引进“金税三期”后，*GTP* 变量赋值为 1，否则为 0。考虑到“金税三期”使用效果的时间滞后性，对地区使用“金税三期”后的第一年赋值为 1：即自使用“金税三期”的下一年起 GTP 赋值为 1，否则等于 0。重新估计方程 3-7，回归结果见表 3-12 的第（1）列和第（2）列，估计系数仍然显著为负，与基准回归结果相似①。

表 3-12 进一步的稳健性检验

	GTP 的不同设定		PSM-DiD 估计	
	TS (1)	*BTD* (2)	*TS* (3)	*BTD* (4)
GTP	-0.0217 *** (0.0080)	-0.0180 ** (0.0081)	-0.0175 ** (0.0081)	-0.0178 ** (0.0084)
企业特征变量	是	是	是	是
年份固定效应	是	是	是	是
公司固定效应	是	是	是	是
样本量	8941	8941	6959	6959
R^2	0.6077	0.6241	0.6278	0.6468

注：*** 、** 分别表示 1% 和 5% 水平的显著性。括号里为标准误，在公司层面聚类调整。

① 本章也试图重新运行该模型，排除了 2017 年期间的样本。回归结果见表 3-13。本章的结论没有很大程度的变化。

表 3 - 13　"金税三期"和企业税收遵从：不包括 2017 年样本期

	被解释变量：*TS*		被解释变量：*BTD*	
	(1)	(2)	(3)	(4)
GTP	-0.0238** (0.0114)	-0.0142** (0.0072)	-0.0252** (0.0120)	-0.0147** (0.0075)
控制变量	否	是	否	是
年份固定效应	是	是	是	是
公司固定效应	是	是	是	是
样本量	8132	8132	8132	8132
R^2	0.0658	0.6127	0.0740	0.6297

注：** 表示 5% 水平的显著性。括号里为标准误，在公司层面聚类调整。

其次，采用倾向得分匹配方法（PSM）来矫正可能存在的样本选择偏差，以提高处理组和对照组的可比性。根据企业所在地税务局是否使用"金税三期"，将企业分为两组（处理组和对照组）。如上所述，"金税三期"在我国各省渐进推进，直至 2016 年全国各省税务局才全面使用"金税三期"，故不能在 2010—2017 年的样本期内直接将样本分为对照组和控制组。因此，仅使用 2010—2015 年的样本，2015 年及之前所在地税务局使用"金税三期"的企业视为处理组（$treat_{it}=1$），2016 年所在地税务局采用"金税三期"的企业视为对照组（$treat_{it}=0$）。同时，基于估计的倾向评分，获得了具有相似特征的可比性公司，并检验"金税三期"对处理组公司和控制组公司之间的税收遵从的不同反应。具体而言，以企业所在地税务局是否使用"金税三期"作为匹配变量为处理组公司匹配控制组公司，然后基于式 3 - 9 使用企业年度面板数据来进行 logit 回归：

$$P_{it} = Probability(treat_{it} = 1 \mid X_{it}) = e(X'_{it}\beta)/[1 + e(X'_{it}\beta)] \qquad (3-9)$$

其中：$treat_{it}$ 是一个虚拟变量，指税务局在 2010—2015 年是否采用"金税三期"系统，X_{it} 是用于匹配控制组企业的变量向量，包括公司规模（*Size*）、公司的资本结构（*leverage*）、ROA 和资产结构（*Fix_asset* 和 *Inta_asset*）。本节利用最近邻匹配来匹配控制组公司，并对匹配的协变量进行平衡性检验，以确保匹配的公司与处理组公司具有可比性。结果表明，处理组公司与匹配的对照组公司具有可比性。采用匹配后的样本按照方程 3 - 7 重新进行估计。

如表 3 – 12 的（3）和（4）列所示，“金税三期”变量 *GTP* 的估计系数显著为负，依旧说明使用“金税三期”能够减少企业逃避税行为，与之前的结论一致。

（三）机制检验

1. 第三方信息报告

越来越多的文献讨论了第三方信息在某一特定方面的重要性（Pomeranz，2015；Slemrod et al.，2017）。本章检验使用“金税三期”是否会显著减少企业的逃避税行为，即验证现代信息技术带来的多维信息系统是否有助于提高企业税收遵从。

第三方信息报告的一个重要信息来源是交易中生成的信息。B2B 交易中的买家有更强的动机要求开具发票以减少其纳税义务，因此，当买家报告其成本时，“金税三期”将自动报告这些信息。然而，B2C 交易中的个人消费者没有索取发票的动机，故当消费者从企业购买商品或服务而不索要发票，且企业未开具发票时，“金税三期”无法获取这一部分信息生成第三方报告，难以对此起到监测作用。因此，对于 B2C 交易公司而言，税务局是否采用“金税三期”对企业税收遵从行为影响不大。相反，在 B2B 交易中的下游公司有强烈的动机索取发票以减少其公司的纳税义务。由于税务局可以通过“金税三期”获取发票信息，故本节预计采用“金税三期”对 B2B 交易企业将产生重大影响。

为此，本节分别检验“金税三期”对 B2B 和 B2C 企业税收遵从的影响是确定信息报告机制的有效方法。为了研究“金税三期”对 B2B 和 B2C 企业的异质性，借鉴李和王（Li and Wang，2020）的研究，依据主要业务类型将以个人客户为主的企业划为 B2C 公司，将以企业客户为主的公司划分为 B2B 公司。在表 3 – 14 中，使用 B2C 和 B2B 公司的子样本进行回归，结果显示：“金税三期”对提升 B2B 公司的税收遵从度有显著影响，但对 B2C 公司没有显著影响，证明了“金税三期”通过提高第三方信息报告来提高企业税收遵从。该实证结果与其他关于第三方报告作用的研究结果一致。

表 3-14　　渠道探索：第三方报告的作用

	TS	*TS*	*BTD*	*BTD*
	B2B	B2C	B2B	B2C
	(1)	(2)	(3)	(4)
GTP	-0.0161** (0.0077)	-0.0157 (0.0142)	-0.0157** (0.0078)	-0.0124 (0.0145)
企业特征变量	是	是	否	是
年份固定效应	是	是	是	是
公司固定效应	是	是	是	是
样本量	7846	1388	7846	1350
R^2	0.6433	0.4402	0.6609	0.4488

注：** 表示 5% 水平的显著性。括号里为标准误，在公司层面聚类调整。

2. 执法能力

现有研究比较认可第三方报告的重要性，卡里略等（Carrillo et al.，2017）指出当信息技术和执法环境在其他维度的能力薄弱时，第三方信息在改善税收征管方面的有效性是有限的。“金税三期”是一个强大的信息处理和分析系统，通过对企业间一系列指标进行纵向和横向的比较分析，可以帮助税务机关有效地找到具有高避税风险的公司及风险点，进而有助于缓解税务稽征人员的短缺带来的问题，有助于提高税务稽查效率和税务执法的能力。故本节将进一步探讨“金税三期”如何与税收执法能力相互作用，检验“金税三期”是否有助于加强税收执法能力，尤其是在税务管理人员不足的省份。

为了探讨这一点，本节使用税收收入除以税务人员数量计算税务人员缺口（*Lack_officer*）来衡量执法能力，比值越高，意味着每个税务人员管理的平均税务事务越多，税务人员相对于税务事务的比例越不足。换句话说，*Lack_officer* 越高，税收执法能力越低。税务人员信息来自《中国税务年鉴》和《中国税务稽查年鉴》，为确保“金税三期”的使用不影响税收执法能力指标，*Lack_officer* 指标使用的是 2013 年的数据。

将交互项 *GTP* × *Lack_officer* 加入到式 3-7 中，如表 3-15 所示 *GTP* × *Lack_officer* 的估计系数显著为负，意味着税务人员缺口越大的省份，“金税三期”对提升企业税收遵从的效果越好。结果显示，先进的信息技术提高了税收执法能力，特别是税收执法能力相对薄弱的地区。先进的信息技术可以替代严重依赖现场审计的征管体系，而且对没有足够税务专员的省份更有帮助。

表3-15　渠道探索：执法能力

	TS	*TS*	*BTD*	*BTD*
	(1)	(2)	(3)	(4)
GTP	-0.0118 (0.0112)	-0.0113 (0.0077)	-0.0110 (0.0101)	-0.0105 (0.0070)
GTP × Lack_officer	-0.0036* (0.0021)	-0.0028* (0.0015)	-0.0034** (0.0017)	-0.0027** (0.0012)
企业特征变量	否	是	否	是
年份固定效应	是	是	是	是
公司固定效应	是	是	是	是
样本量	8629	8629	8908	8629
R^2	0.0616	0.4948	0.0713	0.4948

注：**、*分别表示5%和10%水平的显著性。括号里为标准误，在公司层面聚类调整。

（四）异质性分析

除了平均效应外，本章还检验了“金税三期”在公司所有权和公司是否有政企联系两个因素下的税收遵从效应。与其他转型国家一样，我国许多上市公司的最终控股股东是中央或地方政府。由于国有和非国有公司有不同的企业目标和动机，故而可能表现出不同的税收遵从状态。具体来说，非国有控股企业将更愿意避税（Chan et al.，2013；Wu et al.，2013）。如果政府控股企业的避税行为远少于民营企业，那么“金税三期”减少非政府控股企业的逃避税行为的效果将大于政府控股公司。如表3-16的（1）和（2）列所示，无论被解释变量为*TS*还是*BTD*，在政府控股企业样本组中*GTP*的回归系数均为负，但不显著。当添加*GTP*和*GC*之间的交互项时（即政府控股企业赋值为1，否则为0），*GTP*变量系数显著为负。在表3-16第（3）列所

示的模型中交互项 $GTP \times GC$ 系数为正，但不显著，意味着使用“金税三期”对税收非遵从行为的抑制作用并不显著。

无论是在发展中国家还是发达国家，与政府保持好的政企联系都是企业的宝贵资源，并对企业的行为选择产生影响（Guedhami et al.，2014）。与政府建立深入的关系是转型经济中民营企业的重要选择（Li et al.，2008）。由于有政企联系的企业被发现的风险较低，逃避税的成本也较低，且对未来税收法规或税收执法的变化会有更多的了解，故可能会有更多的税收非遵从行为。金姆和张（Kim and Zhang，2016）以中国民营上市公司为样本，研究发现公司的政企关联水平越高，避税规模越大，且避税有助于提高公司价值。因此，本研究使用“金税三期”对有政企联系和没有政企联系的企业税收非遵从行为的影响很有必要。借鉴金姆和张（Kim and Zhang，2016）以及李等（Li et al.，2008）的研究，如果一家公司至少有一名高管（首席执行官、首席财务官或其他）曾在县级以上政府机构、政府干部、人民代表大会、政治协商会议和其他政治机构工作，则该公司被定义为有政企关联或政治关联。高级管理人员的履历信息来源于 CSMAR 数据库。在表 3－16 的第（4）和（5）列中，无论结果变量是 *TS* 还是 *BTD*，在存在本书定义的政企联系的企业样本中 *GTP* 的回归系数显著为负，而在无政企关联的样本中变量 *GTP* 的回归系数不显著。另外，将 *GTP* 和 *PC* 之间的交互项（政治联系 =1，否则 =0）带入模型时，在表 3－16 第（6）列所示的结果中，交互项（$GTP \times PC$）的系数为负。这意味着，使用“金税三期”对有政企联系的公司对企业税收遵从行为的影响比没有政企联系的公司更大。

可能的原因如下：有政企联系或政企联系更强的公司有更高水平的避税措施（Kim and Zhang，2016）。“金税三期”的使用完善了纳税人和第三方的信息报告，减少了税务机关与纳税人之间的信息不对称，有助于税务机关通过提取相关涉税数据，进行纵向和横向的比较分析，更有效地检测高风险公司及其税务风险点，进而阻碍和消除政企联系对税收遵从的负面影响。该结论表明，信息技术是改善税收执法和税收遵从的有效途径，可以缓解信息不对称，遏制税收执法和管理中的道德风险、不公正和合谋行为。

表 3-16　　异质性分析

	By ownership			By political connection		
	GC (1)	*Non-GC* (2)	Both (3)	*PC* (4)	*Non-PC* (5)	Both (6)
被解释变量：*TS*						
GTP	-0.0104 (0.0115)	-0.0217 ** (0.0092)	-0.0239 *** (0.0092)	-0.0273 ** (0.0130)	-0.0052 (0.0092)	-0.0075 (0.0089)
GTP × *GC*			0.0127 (0.0147)			
GTP × *PC*						-0.0218 (0.0154)
R^2	0.6169	0.6001	0.6138	0.5776	0.6375	0.6237
被解释变量：*BTD*						
GTP	-0.0141 (0.0116)	-0.0193 ** (0.0095)	-0.0225 ** (0.0095)	-0.0298 ** (0.0130)	-0.0050 (0.0095)	-0.0071 (0.0093)
GTP × *GC*			0.0078 (0.0150)			
GTP × *PC*						-0.0260 * (0.0156)
R^2	0.6457	0.6093	0.6309	0.5957	0.6561	0.6428
企业特征变量	是	是	是	是	是	是
年份固定效应	是	是	否	是	是	否
公司固定效应	是	是	是	是	是	是
Group-year	否	否	是	否	否	是
Group-region	否	否	是	否	否	是
样本量	3877	5064	8941	2673	5002	7675

注：本章先后在模型中引入交互项 *GTP* × *GC* 和 *GTP* × *PC*，其中 *GC*（政府控股公司取值为 1，否则为 0）为公司所有权的指标变量，*PC*（政治关联 =1，否则 = 0）是一个公司是否有政治关系的指标。*Group-year* 和 *Group-region* 分别表示 *GC-year*（*PC-year*）固定效应和 *GC-region*（*PC-region*）固定效应。** 、* 分别表示 5% 和 10% 水平的显著性。括号里为标准误，在公司层面聚类调整。

六、结　论

本章检验了综合性的税收征管系统“金税三期”使用对企业税收遵从的影响，以探讨税务局采用现代信息技术的税收遵从效应。通过探讨“金税三期”这一先进税务信息管理系统自试点到全面推进的税收遵从效应，发现“金税三期”显著提高了企业所得税遵从度。一系列的稳健性检验表明，研究结果非偶然性或由同期其他改革所带来的，结论具有稳健性。机制分析发现，信息技术可以通过完善第三方信息报告和提升税务执法能力，提升企业税收遵从度。异质性分析的结果显示，对于法定企业所得税税率（25%）较高的企业和有政企联系的企业，“金税三期”的使用能够显著提高企业的税收遵从度，而对于企业所得税税率（15%）较低的企业、国有控股企业和没有政企联系的公司作用并不明显。综上，现代信息技术是减少企业逃避税、改善企业税收遵从的有力工具。

本章的研究结果表明，信息技术有效缓解了征纳双方的信息不对称性，是改善税收执法和税收遵从的有效途径，有助于遏制税收执法和管理中的道德风险、不公正和合谋行为，因此，采用先进的信息技术管理涉税信息是加强国家税收能力的一项良策。本研究为我国正在推进的税收管理信息技术变革，建设智慧税务，用大数据、云计算、人工智能、移动互联网等现代信息技术实现“以数治税”提供了实证支撑，同时也为其他国家特别是发展中国家推进税收征管信息化提供了经验参考。

第四章

纳税服务与企业税收遵从

本章内容提要：本章借助“便民办税春风行动”（简称税收“春风”行动）这一准自然实验，利用2008—2019年中国上市公司的微观数据和强度双重差分的估计方法考察纳税服务的税收遵从效应。研究发现：优化纳税服务显著提高了企业税收遵从，这一结论在一系列稳健性检验中依旧成立。机制分析表明，优化纳税服务通过降低纳税成本以及提高纳税人满意度提升了企业税收遵从。异质性分析表明，该效应主要集中于高税率企业和公司治理水平较差的企业。拓展性分析表明，改革“春风”推动了减税降费政策落地生根，帮助企业享受到更多的税收优惠政策，实现了企业诚信纳税与价值提升的双赢。本章的研究丰富了税收征管及其影响的文献，对坚持以纳税人为中心，持续提高纳税人满意度和获得感，实现新时代税收治理现代化提供了经验证据。

一、引　言

2008年金融危机以来，随着政府赤字增加，发展中国家和发达国家对税收遵从与逃税问题的政策关注显著加强，提高税收遵从已成为增加政府收入和建立有力且可信的公共部门的一个核心目标。根据经典的威慑模型，税务机构的检查和惩罚是限制纳税人逃税的关键（Allingham and Sandmo，1972）。诸多实证研究也表明通过强化税务执法检查、惩处等，加强税收征管可以提高税收遵从（Kleven et al.，2011；Pomeranz，2015；吕冰洋和郭庆旺，2011；田彬彬和范子英，2018）。然而，这一结论却很难解释，实际上很多国家稽查率很低，但是纳税人的税收遵从度相对稽征水平却很高这一现象，这就产生了“税收遵从之谜”（Alm et al.，1992）。因此，阿尔姆和托尔格勒（Alm and Torgler，2011）提出税收遵从研究应从纳税人“为什么逃税”转向“为什么愿意交税”，而税务机关的纳税服务正是影响纳税人税收遵从意愿的关键因素。

那么，优化纳税服务能否提高企业税收遵从呢？税收是公共产品的价格，公众是否愿意依法纳税与其从政府提供的公共服务中的受益具有较大的关系，当税务机关提供的纳税服务越好，纳税人出于情感的纳税遵从度越高（吴旭东和姚巧燕，2011）。通过减少涉税审批制度以及提供更加优质的纳税服务，可以降低企业纳税成本，提高纳税人满意度，进而激励企业遵从税法。何晴和郭捷（2019）的研究也表明，政府通过提供优质的纳税服务，形成对政府的信任，从而激励纳税人自愿遵从税法。因此，理论上纳税服务会影响企业税收遵从。然而，目前尚未有研究对这一问题进行实证性的探索。研究这一问题的难点在于纳税服务的力度很难被准确度量，即使找到了相关变量，可能也由于测量误差而存在内生性问题。

国家税务总局于2014年2月起推出“便民办税春风行动”（以下简称税收“春风”行动）为识别纳税服务对企业税收遵从的影响提供了良好的“准自然实验”。税收“春风”行动简化税务行政审批事项，降低税收遵从成本，最大程度地便利纳税人、最大限度地规范税务人。本章以“便民办税春风行动”为准自然实验，探究纳税服务对企业税收遵从的影响具有如下优势：“便民办税春风行动”是政府治理现代化改革的重要内容，是新时代下加强纳税服务的必然要求，因此其实施更多是源于政府的行为，单个企业很难影响该地区实施该行动的力度，因此，该行动的实施对于企业来说具有外生性，利用该行动的实施探究纳税服务与企业税收遵从之间的因果关系，能在一定程度上避免研究中反向因果等内生性问题。

本章将2008—2019年中国上市公司作为样本，以“便民办税春风行动”为准自然实验，构建强度DID模型，研究发现：优化纳税服务对企业税收遵从有着显著的提升效应，这一结果通过了平行趋势检验和安慰剂检验，并且当我们考虑反向因果问题、排除同期政策干扰、更换核心变量的度量方式、考虑遗漏变量以及使用子样本进行回归分析后结果依旧稳健。进一步分析表明，优化纳税服务可以降低纳税成本以及提高纳税人满意度，进而提升企业税收遵从。

此外，该效应对于逃税动机更强的高税率企业、公司治理水平更低的企业而言更为显著。最后，税收“春风”行动还增加了企业享受的税收优惠幅度，提升了企业价值，推动了“诚信纳税”与“企业发展”双赢局面的实现。

与以往研究相比本研究的贡献主要表现在：第一，将优化纳税服务的影响延伸到企业税收遵从行为中。至今还少有研究探讨优化纳税服务对企业遵从的影响。第二，丰富了企业税收遵从影响因素的文献。以往文献，主要从税务审计概率、惩罚的力度等强制性税收征管维度探究企业税收遵从行为（Alm et al.，1992；Torgler，2002；Nagin and Pogarsky，2003），本章则从税收遵从成本与纳税人满意度的角度探究企业自愿税收遵从的缘由。第三，本章以“便民办税春风行动”为准自然实验，构建强度 DID 模型较好地识别了优化纳税服务与企业税收遵从的因果关系，为进一步优化税收营商环境，推动新时代税收治理的“第三次变革”提供了经验证据。

本章接下来的结构安排如下：第二部分是文献回顾及理论分析；第三部分研究设计，包括数据来源、变量定义及模型设计等；第四部分为主要回归结果及稳健性检验；第五部分是机制检验；第六部分是异质性分析与拓展性分析；第七部分是研究结论与政策建议。

二、文献回顾与理论分析

（一）文献回顾

与本章相关的文献主要包括行政审批制度相关的研究以及税收制度（含征管制度）对企业税收遵从行为的影响两个方面。目前关于中国行政审批制度改革相关研究多以定性研究为主，定量研究较为匮乏。许和连和王海成（2018）研究发现出口退税管理制度的简政放权改革可以显著提高企业出口绩效。邓悦等（2019）分别检验了“简政放权”“放管结合”和“优化服务”对企业绩效的影响，发现“放管结合”和“优化服务”显著提升了企业绩效，而“简政放权”的作用则不明显。廖福崇（2020）从民营企业家时间配置的视角研究发现“放管服”改革提供了制度化的政企联系方式从而提高了城市营商环境质量。李兰冰等（2021）发现行政审批制度改革后可以降低企业制度性交易成本，提升民营企业生产率和资源配置效率。与既往研究不同，本章进一步考察税收征管中相关审批制度变化对企业税收遵从的影响，为建立现代化的税收征管体系提供了经验证据。

税收遵从或税收逃避是财政学的核心问题之一。阿林厄姆和桑德莫（Allingham and Sandmo，1972）开创性的研究，将贝克尔（Becker，1968）犯罪行为模型发展为逃税模型，该模型（A-S 模型）中风险厌恶的纳税人基于预期效用最大化来决定是否逃税和逃避多少税收，该经典的标准逃税经济模型主要考虑的影响纳税人税收遵从决策的政策变量有：税率、稽查概率和处罚比率。在过去的十年，由于税收政策、纳税申报数据可得性大幅提高、税务机关与研究者合作开展随机受控实验的意愿增强等，税收遵从或逃税相关研究大量增加（Slemrod，2019）。税收遵从的实证研究关注什么因素决定了纳税人的税收遵从程度和性质，以及逃税对政策的反应。斯莱姆罗德等（Slemrod et al.，2017）利用 2011 年美国要求第三方向 IRS 报告小企业的电子支付信息的政策变化，研究第三方信息对小企业税收遵从的影响，发现小企业税收申报增加。田彬彬和范子英（2018）考察了征纳合谋对企业税收遵从的影响，发现税收征管人员的自由裁量权会为企业税收不遵从提供空间。张克中等（2020）从信息监管的角度发现税务机关征管能力的提升可以提高企业税收遵从。李建军和范源源（2020）基于纳税信用管理，研究发现“柔性”税收征管可以通过发挥激励和威慑效应激励企业税收遵从。然而，目前较少有学者从优化纳税服务的角度探究税务机关征管模式的转变对企业税收遵从的影响。

（二）制度背景与理论分析

从 2014 年 2 月起，国家税务总局发布了《国家税务总局关于公开行政审批事项等相关工作的公告》，拉开了“便民办税春风行动”的序幕。税收“春风”行动是税收治理现代化的实现形式和重要体现，旨在简化税收行政审批事项、创新税收监管手段、优化纳税服务，最大程度地便利纳税人，最大限度地规范税务人。采取的系列便民办税措施主要包括：

（1）降低税收遵从成本。税务机关精简纳税人的税务申报手续，减少涉税表证单书，共享纳税信息，原则上不允许重复检查，进一步减轻纳税人的纳税成本。提高办税速度，在全国税务系统落实限时办结制，缩短办税时限，提高办税质量。取消和下放一大批行政审批事项，保留的税务行政审批事项向社会全公开，同时，实行“权力清单制度”，为企业创造了公平公开的税收营商环境。薛菁（2011）运用企业逃税模型发现税收遵从成本与企业纳税遵从呈负相关关系，即税收遵从成本越高，企业纳税遵从度越低。因此，税收“春风”行动正是通过降低纳税人的税收遵从成本，激励纳税人提高税收遵从。

（2）落实减税降费，提高纳税人满意度。一方面，积极开展税费政策宣传，实行重大税费优惠政策“一政一讲、一措一谈”，让企业及时了解和运用相关优惠政策。另一方面，建立税费优惠政策标签体系，运用大数据积极甄别符合税费优惠条件的纳税人，推动减税降费、税收优惠政策的落地生根。疫情发生以来，围绕落实党中央、国务院部署实施的 7 批 28 项税费优惠政策，税务总局联合有关部门制发 13 份具体政策文件，单独制发 10 份征管操作办法，分 13 批发布 293 个政策问答口径，4 次更新发布《支持疫情防控和经济社会发展税费优惠政策指引》，以最快速度、最大力度、最优效率确保政策红利第一时间直达市场主体。阿尔姆等（Alm et al.，2010）的研究表明税务局增加纳税服务有利于减少企业逃税。毛捷等（2022）的研究也表明加强税法宣传可以提升企业税收遵从度。因此，税收“春风”行动可以通过加大税法宣传、提高纳税人满意度，进而提升企业税收遵从。

据此，提出本章研究假说：优化纳税服务可以通过降低企业税收遵从成本和提高纳税人满意度来激励企业税收遵从。

三、研究设计

（一）数据来源与样本选择

由于税收“春风”行动是从 2014 年开始推行的，考虑到已有数据库的时间跨度，因此本章以 2008—2019 年的沪深 A 股上市公司为研究样本，为了保证结论的正确性，对数据进行如下筛选：①剔除金融行业上市公司，因为其财务制度与其他行业公司有较大差异；②剔除 ST 和 * ST 的公司；③剔除了财务数据缺失的样本；最终得到 12599 个样本观测值。由于各变量缺失程度不同，因此各回归中样本个数略有不同。此外，还对所有连续变量进行了上下各 1% 的缩尾（Winsorize）处理。本章的基本财务数据来自于 CSMAR 数据库和 Wind 数据库，地区纳税成本计算所需数据来自于 2012 年世界银行中国企业调查数据，宏观层面的数据手工收集整理于《中国统计年鉴》和各省市统计年鉴。

（二）变量定义

1. 税收遵从指标

常用于刻画企业遵从的指标主要包含两类，一是企业实际所得税税率或法定税率与实际税率之差（Tang et al.，2016）。然而，我国企业所得税中有多种形式的非税率税收优惠措施（如加速折旧、加计扣除、税额抵免、免税收入等），该指标也会受到财务报表合并时母公司与子公司之间法定税率不同（Chen et al.，2014）、企业间享受的非税率税收优惠不同的影响。因此，可以使用不受递延所得税的影响的现金有效税率来衡量企业有效税率（Dyreng et al.，2008）。第二类指标是会计—税收差异。镡（Chan，2010）等研究发现，中国企业的会计—税收差异与其被税务机关出具的税务审计调整额正相关，在一定程度上可以反映企业的逃避税状况。但该指标没有区分公司实际的经营活动和逃避税交易。因此，本章借鉴德赛和达马帕拉（Desai and Dharmapala，2006）的研究，用剔除应计利润影响的会计—税收差异（*DDBTD*）作为企业税收遵从的衡量指标。该指标能够在个体和时间两个维度来反映公司的税收非遵从行为，指标越大，表示企业逃避税的可能性越大（范子英和田彬彬，2018）。同时，本章还用实际税率（*ETR*）、以消除名义税率影响后的调整后税率（*Adj_ETR*）以及现金有效率税率（*Cash_ETR*）等进行稳健性检验。*DDBTD* 的具体计算方法如下：

$$BTD_{it} = \beta \times TACC_{it} + u_i + \varepsilon_{it} \tag{4-1}$$

其中，BTD =（利润总额 - 企业应纳税所得额）/期初总资产，企业应纳税所得额为当前所得税费用除以企业适用的所得税税率；$TACC$ 为企业总应计与期初总资产之比。u_i 表示企业 i 在样本期间内的残差均值，ε_{it} 表示企业 i 在 t 年的个体残差；$DDBTD$ 等于两残差之和，表示 BTD 中不能被应计利润解释的部分。

2. 处理强度指标

本章利用税收“春风”行动实施这一外生冲击来研究纳税服务优化对企业税收遵从的激励效应，构建了“类政策实验”的强度 DID 模型。基于强度 DID 方法的设计思路，本章以税收“春风”行动实施前样本地区的税收遵从成本作为“处理强度指标”，其内在逻辑在于：一方面，税收“春风”行动虽在全国统一推行，但不同地区的影响程度不同。理论上，对于税收遵从成本本来较低的地区，税务机关简政放权降低纳税成本的空间比较有限，税收“春风”行动的实施对该地区税收征管行为的影响相对比较小；反之则相反。另一方面，税收遵从成本是纳税企业在履行纳税义务过程中除了税款和税收的经济扭曲成本以外的费用支出，包括货币成本、时间成本、非劳务成本等（雷根强和沈峰，2002），税收遵从成本可以作为税制优化程度和税务管理绩效的重要指标（李冬妍，2007）。税收制度越复杂，税收管理的环节越多，纳税人的遵从成本就越高；在全国税制相对统一的情况下，它还反映税务机关征管行为规范性的有效指标。基于此，本章以地区税收遵从成本来刻画该地区受到税收“春风”行动的影响程度，即政策处理强度变量；若地区原本税收遵从成本较高，则该地区企业受到税收“春风”行动的影响程度就越大。本章以税收“春风”行动推行之前地区内企业税收遵从成本的均值来度量该地区的税收遵从成本（*Cost*）。企业税收遵从成本则来自于 2012 年世界银行公布的中国企业经营环境的抽样调查数据中“企业为处理税务部门等行政相关事务所花费的时间占比是多少？”这一问题的调查结果，该指标不仅反映了企业处理纳税事项等行政事项花费的时间成本，同时也是包括税务机关在内的行政机关办事效率的综合体现（曲红宝，2018）。

3. 控制变量

借鉴以往研究（范子英和田彬彬，2018、张克中等，2020），本章选取了一系列影响企业税收遵从的特征变量，包括企业规模（*Size*）、净资产收益率（*Roe*）、固定资产比率（*FR*）、账面市值比（*IR*）、第一大股东持股比例（*Ratio*）、董事会规模（*BoardSize*）以及企业年龄（*Age*）等。相关的变量定义及描述性统计见表4-1。

表4-1　主要变量定义及描述性统计

变量	变量定义	均值	标准差	最小值	最大值
DDBTD	回归残差，如正文所述	-0.0033	0.0695	-0.3135	0.2424
Treat	强度 DID 指标，如正文所述	1.5809	1.0564	0.1802	5.0348
Post	政策时间虚拟变量，如正文所述	0.651	0.4767	0	1
Size	企业总资产的自然对数	22.0648	1.4096	19.1604	27.0406
Roe	净利润/股东权益平均余额	0.0812	0.1113	-0.4981	0.3783
FR	年末固定资产净额/总资产	0.1834	0.1545	0.0016	0.7163
MB	资产总额/企业市值	0.6079	0.2396	0.1117	1.1283
Ratio	第一大股东持股数量/总股数	35.5755	15.1576	8.6	75.42
BoardSize	董事会人数的自然对数	2.1258	0.2026	1.6094	2.7081
Age	所在年度-企业注册年份+1	18.277	5.9143	2	62

（三）模型设计

本章借鉴陈（Chen，2017）、谢贞发等（2017）的实证策略，构建“类政策实验”的强度DID方法，进行实证研究。具体的实证模型设计如下：

$$DDBTD_{it} = \delta_0 + \delta_1\, Cost_i \times Post_t + \beta \cdot X_{it} + \mu_i + \gamma_t + \varepsilon_{it} \qquad (4-2)$$

其中，$DDBTD_{it}$ 为企业 i 第 t 年的税收遵从水平；*Cost* 为企业所在地在改革前的地区平均税收遵从成本，衡量位于不同城市企业受到税收“春风”行动的影响程度；*Post* 为时间虚拟变量，2014年及以后取1，否则取0。$Cost_i$ 与 $Post_t$ 的交乘项的系数 δ_1 衡量了税收“春风”行动对中国上市公司税收遵从度的影响。X_{it} 是一组控制变量，表示影响企业税收遵从的其他公司特征因素；μ_i 为公司层面的个体固定效应，控制公司层面不随时间变化的冲击；γ_t 为年份固定效应，控制不同年份所有公司受到的共同冲击；δ_0 和 ε_{it} 分别是常数项和残差项。

四、实证结果分析

（一）基准回归结果

表4-2报告了优化纳税服务与企业税收遵从的回归结果。表4-2中第（1）列为只控制了年度固定效应和公司固定效应的单变量回归结果，其中交乘项（*Cost*×*Post*）在5%水平显著为负，意味着在优化纳税服务可以提高企业税收遵从程度。第（2）列是加入其他影响公司税收遵从的控制变量后的回归结果，该证据初步表明，税收“春风”行动开展后，税务机关通过降低企业纳税成本以及提高纳税人满意度，大大提高了税法遵从度。

表4-2　纳税服务与企业税收遵从

因变量：*DDBTD*	(1)	(2)
Cost × *Post*	-0.0018** (0.0009)	-0.0008*** (0.0003)
Size		-0.0005 (0.0017)
Roe		0.0009*** (0.0002)
FR		-0.0001 (0.0001)
MB		0.0036 (0.0051)
Ratio		0.0042 (0.0036)
DUO		0.2877*** (0.0099)
Age		0.0102** (0.0038)

续表

因变量：*DDBTD*	(1)	(2)
Constant	-0.0041** (0.0020)	-0.0413 (0.0368)
年份固定效应	是	是
公司固定效应	是	是
样本数量	12599	12599
R^2	0.0101	0.4637

注：括号内为经市层面聚类的调整的标准误；***、**、*分别代表系数在1%、5%和10%水平显著。

(二) 稳健性检验

本章以税收“春风”行动为自然实验，采用强度DID方法展开研究，在一定程度上较好地避免了遗漏变量、反向因果等内生性问题造成的估计偏误。为进一步验证结果的稳健性，本章还进行平行趋势检验、安慰剂检验、检验反向因果、排除同期政策的干扰、更换变量度量方式、控制遗漏变量以及子样本回归等一系列稳健性检验。

1. 平行趋势检验

双重差分法估计结果有效的前提就是平行趋势假定，即处理组和控制组企业在税收“春风”行动实施以前各年度税收遵从水平趋势应该一致。为了验证平行趋势假定是否满足，本章以2013年为基准年，构建如下模型：

$$DDBTD_{it} = \delta_0 + \delta_1 Cost_i \times Post_t + \beta \cdot X_{it} + \sum_{s=2009}^{2012} \theta_s \times Cost_i \times Year_t^s + \mu_i + \gamma_t + \varepsilon_{it} \quad (4-3)$$

其中，$Year_t^s$ 为年份虚拟变量，s 分别取值为2009—2012。t 为年份，如果 $t = s$，$Year_t^s = 1$，否则 $Year_t^s = 0$。表4-3中第（1）和（2）列报告了平行趋势检验的结果，其中，第（1）列是未加入其他控制变量的回归，第（2）列是控制其他影响因素后的回归结果。可以看到，税收“春风”行动实施以前年度哑变量与纳税成本（*Cost*）的交互项系数并不显著，意味着税收“春风”行动以前，位于纳税成本不同的地区的企业的税收遵从水平没有显著差异，满足平行趋势假定。

2. 安慰剂检验

（1）首先考虑增值税的征管。前文分析表明，优化纳税服务通过降低纳税成本和增强纳税人满意度提高税收非遵从心理成本等，提高企业税收遵从度。理论上，对于逃税空间较小、税收遵从率已比较高的税种来说，纳税服务优化的影响是不明显的。与企业所得税不同，增值税实行“以票管税”，增值税的税收征管较少受到税务人员的干预（李艳等，2020）。为此，本章参考许伟和陈斌开（2016）的方法计算了增值税有效税率，然后作为被解释变量进行回归，回归结果见表 4－3 中列（3）所示。可以看到，此时交乘项的系数并不显著，从侧面印证了本章的结论。

（2）其次是虚构政策发生时间。如果回归显示出的结果是相对处理组企业所在城市所具有某些特质导致，那么把春风行动开展的时间提前，也应该表现出类似的回归结果。为此，本章假定实施的时间分别为实际开展年份的前两年和前三年，进行安慰剂检验。表 4－3 中列（4）（5）的结果显示，无论是假设开展年份提前两年还是三年，交乘项 $Treat \times Post_t$ 的估计系数均不显著，意味着并非是受影响更大的相对处理组样本所在地城市所具有的其他的特质导致地区内企业税收遵从水平提高，本章的结论依旧稳健。

（3）最后是重复置换检验。本章还需要排除这样一种可能，即随着社会的进步，市场规则的不断完善，人们的纳税意识也在日益提升，这最终导致了企业税收遵从水平的提高。因此，借鉴切蒂等（Chetty et al.，2009）的做法，我们将税收“春风”行动开展前各地区的“纳税成本（*Cost*）”随机分配给企业，使用随机分得的纳税成本估计基准模型，重复上述过程 500 次进行安慰剂检验。图 4－1 报告了虚拟效应的概率分布，其中竖直参考线表示基准结果的估计系数。如果基准回归结果是由于其他因素导致的，那么它同样会在随机实验中以大概率出现，然而结果显示，随机模拟得到的回归系数分布在 0 附近，这表明本章的实证结果并不是随机因素导致的。

表 4-3　平行趋势检验与安慰剂检验

变量	(1)	(2)	(3)	(4)	(5)
	平行趋势	平行趋势	增值税税负	2011 年虚假政策	2012 年虚假政策
$Treat \times Post_t$	-0.0019 ** (0.0009)	-0.0011 * (0.0006)	0.0003 (0.0007)	-0.0001 (0.0007)	-0.0001 (0.0007)
$Treat \times Y2009$	-0.0004 (0.0013)	-0.0005 (0.0010)			
$Treat \times Y2010$	-0.0007 (0.0009)	-0.0008 (0.0009)			
$Treat \times Y2011$	-0.0009 (0.0013)	-0.0008 (0.0006)			
$Treat \times Y2012$	0.0004 (0.0009)	0.0003 (0.0014)			
控制变量	是	是	是	是	是
年份固定效应	是	是	是	是	是
公司固定效应	是	是	是	是	是
样本数量	13012	12599	12589	12599	12599
R^2	0.0092	0.4638	0.0316	0.4636	0.4636

注：括号内为经市层面聚类的调整的标准误；***、**、* 分别代表系数在 1%、5% 和 10% 水平显著。

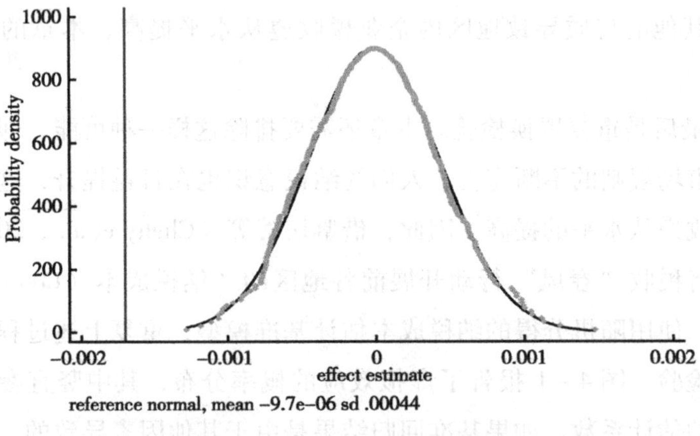

图 4-1　虚构处理效应的密度分布

3. 反向因果关系检验

为了缓解可能存在的反向因果问题，例如税收“春风”行动的实施力度可能会受到各地区上市公司整体税收非遵从状况的影响，从而导致内生性。本章借鉴江等（Jiang et al.，2016）的研究方法，通过以下模型预测地区层面的上市公司逃税水平是否能够预测税收“春风”行动的实施力度：

$$shock_{it} = \alpha_0 + \alpha_1 DDBTD_{m,t-n} + \alpha_k controls_{m,t} + \mu_m + \gamma_t + \varepsilon_{mt} \quad (4-4)$$

其中，被解释变量 $shock_{it}$ 为 $Cost_i \times Post_t$。各地区税收遵从度为解释变量（$DDBTD_{m,t-1}$），以该地区上市公司税收遵从度的均值来衡量。控制变量包括城市 *GDP* 的自然对数、预算支出的自然对数及财政压力水平（定义为：预算支出与收入之差除以预算收入）、第一产业增加值占 *GDP* 的比重以及第二产业增加值占 *GDP* 的比重，同时控制了地级市固定效应和年度固定效应。本章分别考察 t－1 期和 t－2 期的地级市层面的税收遵从度对税收“春风”行动实施的影响。表 4－4 中第（1）（2）列的回归结果表明，t－1 期和 t－2 期的地级市层面的税收遵从度都未对税收“春风”行动的实施产生预测作用，这一结果在很大程度上表明并不存在反向因果问题。

4. 排除同期其他事件的干扰

首先是“营改增”政策。2012 年开始，我国逐步推行营业税改增值税的改革（即“营改增”），李和王（Li and Wang，2020）的研究表明，增值税实行“以票控税”，购销双方的相互监督则会压缩企业的逃税空间，导致企业报告收入的增加。如果企业因“营改增”收入报告更真实，也会使企业所得税税收遵从度提高。为了尽可能排除“营改增”对回归结果的干扰，本章以“营改增”前后均缴纳增值税的制造业与批发和零售业企业样本重新对基准模型进行估计。由表 4－4 中列（3）的结果可知，在考虑“营改增”政策的影响后，交乘项的系数依旧显著为负，支持了本章的主要结论。

其次是“金税三期”工程。我国在 20 世纪 90 年代开始建立“金税”系统，2013—2016 年“金税三期”工程在我国逐渐上线。“金税三期”将“大数据”与“云计算”等运用到税收征管系统中，全方位、立体化地掌握了各税种的涉税信息，极大地提高了税务机关的涉税信息监管能力，有效地降低了企业逃税程度（张克中等，2020）。为了排除此政策可能对回归结果的影响，本章在基准模型中加入“金税三期”政策虚拟变量 $Gtax_{it}$，衡量企业 i 所在地 t 年度“金税三期”是否上线实施。由表4-4中第（4）列可知，在控制了“金税三期”工程实施的影响后，交乘项的系数依旧显著为负，表明本章的主要结论依旧稳健。

最后考虑反腐败的影响。在党的十八大召开以后，党中央全面从严治党、严惩腐败，提高了税务官员与企业合谋的成本，极大地压缩了企业通过寻租来逃税的空间，进而提升了企业税收遵从（田彬彬和范子英，2018）。本章的样本期与这一事件存在重叠，为了排除反腐败对于回归结果的影响，首先将样本缩短至2012年以后（即党的十八大召开以后）进行回归；此外，借鉴杜兴强等（2010）的做法以超额管理费用作为企业寻租的代理变量，将其纳入基准模型中进行回归。由表4-4中列（5）和列（6）的结果可知，考虑了党的十八大反腐败的影响后，交乘项 $Cost \times Post$ 的系数依旧显著为负，说明本章的主要结论依旧稳健。

表4-4　　排除同期政策的干扰

变量	(1)	(2)	(3)	(4)	(5)	(6)
	$shock_{it}$	$shock_{it}$	营改增	金税三期	党的十八大后样本	控制寻租变量
$Cost \times Post$			-0.0031*** (0.0007)	-0.0009*** (0.0003)	-0.0012*** (0.0004)	-0.0009*** (0.0003)
$DDBTD_{m,t-1}$	-1.1862 (1.7810)					
$DDBTD_{m,t-2}$		2.5358 (1.7269)				
$Gtax$				0.0015 (0.0017)		
EC						-0.0214 (0.0150)
控制变量	是	是	是	是	是	是
年份固定效应	是	是	是	是	是	是
个体固定效应	是	是	是	是	是	是
观测值	11092	9375	4661	12599	10450	12582
R^2	0.7446	0.7470	0.4572	0.4638	0.4839	0.4623

注：括号内为经市层面聚类的调整的标准误；***、**、*分别代表系数在1%、5%和10%水平显著。

5. 遗漏变量的影响

（1）控制地区宏观经济因素。考虑到企业的税收遵从行为可能会受到其所在地区财政经济状况的影响，为控制这一因素对结果的干扰，本章执行如下稳健性测试：首先，借鉴肖和邵（Xiao and Shao，2020）的做法在模型中加入了一组影响企业税收遵从的宏观变量，包括城市 GDP 的增速、人均 GDP 的自然对数以及财政压力水平（以预算支出与收入之差除以预算收入表示）；其次，本章还在基准模型中加入省份—年度的交乘项，以控制省份层面随时间改变的特征因素对企业税收遵从的影响；再者，在模型中加入初期的城市经济发展水平（人均 GDP 的自然对数）和改革后的交乘项乘积，即允许税收“春风”行动实施前经济发展不同的地区企业的税收遵从水平的时间趋势存在差异。表 4 - 5 中列（1）至列（3）的结果表明，在考虑地区宏观经济因素影响后本章结论依旧成立。

（2）考虑行业特征因素。由于我国制定了对部分行业的税收优惠政策，如软件、集成电路企业、动漫企业等税收优惠。不同行业企业享受的税收优惠政策不同，税收负担程度也不同，其税收遵从水平也可能存在差异。虽然本章已经加入了企业固定效应，控制了公司层面不随时间改变的行业特征对企业税收遵从的影响。本章仍然在基准模型中加入行业—年份固定效应，以进一步控制随着时间改变的行业特征因素的影响。表 4 - 5 中列（4）的结果表明，在考虑行业动态特征因素后，本章结论仍然成立。

（3）考虑时间效应。为了进一步增加结论的稳健性，本章借鉴贾等（Jia et al.，2019）的做法对基准模型进行了修正。首先，控制处理组和控制组之间的时间趋势；其次，为了考虑控制变量的时间趋势对回归结果的影响，在基准模型中加入控制变量与时间趋势三阶多项式函数的交乘项。最后，在基准模型中加入控制变量与年份的交乘项，以另一种方式考虑控制变量的时间效应。估计结果如表 4 - 5 中列（5）至列（7）所示，可以看到，交乘项（*Cost* × *Post*）的系数依旧显著为负，表明本章的结论依旧稳健。

表 4－5　　考虑遗漏变量的影响

变量	(1)	(2)	(3)	(4)	(5)	(6)	(7)
Cost × *Post*	−0.0007** (0.0003)	−0.0009** (0.0003)	−0.0005** (0.0003)	−0.0009** (0.0003)	−0.0008*** (0.0003)	−0.0008** (0.0003)	−0.0008** (0.0003)
Controls	是	是	是	是	是	否	否
Year	是	是	是	是	是	是	是
Firm	是	是	是	是	是	是	是
Year × 行业	否	否	否	是	否	否	否
Year × 省份	否	否	是	否	否	否	否
Time trend	否	否	否	否	是	否	否
Controls × *T*	否	否	否	否	否	是	否
Controls × T^2	否	否	否	否	否	是	否
Controls × T^3	否	否	否	否	否	是	否
Controls × *Year*	否	否	否	否	否	否	是
观测值	10657	12599	12599	12599	12599	12599	12599
R^2	0.4339	0.4638	0.4683	0.5076	0.4637	0.4751	0.4880

注：括号内为经市层面聚类的调整的标准误；***、**、* 分别代表系数在1%、5%和10%水平显著。

6. 更换被解释变量

考虑到单一度量指标的局限性，本章又使用企业实际所得税率（*ETR*）、消除名义税率影响的实际税率（*ATR*）以及现金有效税率（*CETR*）作为企业税收遵从水平的代理变量。其中，企业实际所得税税率（*ETR*）等于企业实际的所得税支出/利润总额；消除名义税率影响的实际税率（*ATR*）等于企业名义所得税率与实际税率的差额；现金有效税率（*CETR*）等于企业实际的所得税现金流支出/利润总额①。*ETR* 和 *CETR* 越大，代表企业税收遵从水平越高，*ATR* 越大，代表企业税收遵从水平越低。分别以三指标为被解释变量对基准模型重新进行估计，如表 4－6 中列（1）至列（3）所示，在更换企业税收遵从的衡量方法之后，本章结论依旧成立。

7. 强度指标的其他度量

为了减小处理强度指标组内误差对回归结果的干扰，本章将衡量处理效

① 为了避免异常值的影响，将 *CETR* 缩尾到（0，1）区间。

应强度的城市纳税成本指标设置为虚拟变量的形式，构建传统 DID 模型进行估计。政策虚拟变量指标（*Treat*）设定方式如下：当企业所在城市纳税成本排名前 20% 时，*Treat* 赋值为 1；企业所在城市纳税成本排名后 20% 时，*Treat* 赋值为 0。表 4 -6 列（4）的结果表明，传统 DID 模型结果与基准回归结论仍然一致，说明本章结论依旧稳健。

此外，考虑到纳税成本（*Cost*）主要体现的是企业花费在税务处理等方面的时间，可能难以全面反映该地区受到税收“春风”行动的影响程度，为此，本章从实际税率水平、税收管理以及纳税成本等方面构建了一个综合处理强度指标（*Treat2*）①：首先分别计算该地区税率水平对企业经营造成的阻碍程度、税收管理对企业经营造成的阻碍程度以及纳税成本三个指标的均值，然后分别按照 25% 的比例将其分为四组后求和，其值越大，代表该地区受到税收“春风”行动的影响程度越高。以改革前综合指标（*Treat2*）衡量处理强度的回归结果见表 4 -6 中列（5）所示，交乘项（*Treat2* × *Post*）的系数显著为负，表明本章的主要结论依旧稳健。

表 4 -6　指标的不同度量

变量	(1) *ETR*	(2) *ATR*	(3) *CETR*	(4) 极端情形	(5) 合成变量
Cost × *Post*	0.0068 ** (0.0030)	-0.0069 ** (0.0029)	0.0067 * (0.0035)		
Treat × *Post*				-0.0031 *** (0.0008)	
Treat2 × *Post*					-0.0007 * (0.0004)
控制变量	是	是	是	是	是
年份固定效应	是	是	是	是	是
公司固定效应	是	是	是	是	是
观测值	14034	13939	10268	4241	12599
R^2	0.0405	0.0424	0.0260	0.4891	0.4638

注：括号内为经市层面聚类的调整的标准误；***、**、* 分别代表系数在 1%、5% 和 10% 水平显著。

① 数据来源于 2012 年世界银行公布的中国企业经营环境的抽样调查数据。

8. 其他子样本

为了排除样本选择对本章结果的影响，本章还考虑了一系列子样本检验：首先，本章排除2014年及以后纳税信用评级为A的企业，因为其税收遵从水平本身就较高，估计结果见表4－7中列（1）所示。其次，考虑“三免三减半”等税收优惠政策的影响，本章剔除了成立年份小于7年的企业样本，估计结果见表4－7中列（2）所示。再次，本章考虑了非平衡面板数据会随着时间改变样本组成的缺点，本章还使用平衡面板数据进行回归，估计结果见表4－7中列（3）所示。此外，由于计算处理强度的地区纳税成本指标所使用的2012年世界银行中国企业调查数据中北京和上海的企业所在地没有具体到区级层面，与其余地级市行政级别上存在差异，为此本章还排除了北京和上海的企业样本，估计结果见表4－7中列（4）所示。最后，本章在样本中仅保留省会城市进行估计，理由在于：一方面资本的流入不仅取决于本地的税负情况，还取决于同省份其他城市的平均税负水平（沈坤荣和付文林，2006），因此同一省份的不同城市之间可能存在税收竞争效应，同省份各城市之间的税收执法也会相互影响；另一方面，省会城市通常拥有最有利于税收征管的技术和资源，与非省会城市在行政和财政方面都存在就较大差异，估计结果见表4－7中列（5）所示。以上结果表明，在考虑样本选择后，本章的结论依旧成立。

表4－7　　　　其他子样本回归

变量	(1) 剔除A级纳税信用企业	(2) 剔除年龄小于7年企业	(3) 平衡面板数据	(4) 去掉北京和上海样本	(5) 仅保留省会城市企业
$Cost \times Post$	−0.0011** (0.0004)	−0.0009*** (0.0003)	−0.0010** (0.0004)	−0.0007** (0.0003)	−0.0011** (0.0005)
控制变量	是	是	是	是	是
年份固定效应	是	是	是	是	是
公司固定效应	是	是	是	是	是
观测值	9828	12470	7520	8537	7816
R^2	0.4499	0.4640	0.4338	0.4796	0.4471

注：括号内为经市层面聚类的调整的标准误；***、**、*分别代表系数在1%、5%和10%水平显著。

五、机制检验

（一）降低纳税成本

纳税成本与税收非遵从存在正向关系（Alm et al.，2010）。本章认为优化纳税服务提升企业税收遵从的一个途径在于其可以降低企业纳税成本从而提高其税收遵从度。基于此，我们预测，企业纳税成本越高，税收“春风”行动的影响越大。由于无法获取纳税成本的直接衡量指标，本文以包括纳税成本在内的制度性交易成本进行间接衡量。本章借鉴李兰冰等（2021）的研究，采用管理费用、财务费用和销售费用占营业收入的比值衡量企业制度性交易成本（*TC*），其值越大，代表企业制度性交易成本越高。接着，将企业制度性交易成本（*TC*）变量与税收“春风”行动政策变量的交乘项 $Cost \times Post \times TC$ 引入模型进行回归。表4－8第（1）列的结果显示，三重交乘项（$Cost \times Post \times TC$）的估计系数显著为负，这说明在制度性交易成本越高的地区，纳税服务优化对企业税收遵从的提升效应越大，这为税收“春风”行动通过降低企业纳税成本进而提高企业税收遵从提供了经验证据。

（二）提高纳税人满意度

本章认为税收“春风”行动提升企业税收遵从的又一途径在于其持续提高纳税人的满意度和获得感，激励其自愿税收遵从。如果税收“春风”行动通过提高纳税人满意度改善企业税收遵从，那么对于纳税人满意度或税收自愿遵从度低的企业，税收春风行动对企业税收遵从的提升效应会更为明显。由于纳税人满意度或纳税人自愿遵从度的数据，考虑到纳税是企业履行社会责任的重要内容，企业的社会责任越高其税收自愿遵从度通常也会更高，这里用企业社会责任表现作为企业自愿遵从的代理变量，企业社会责任评分数据来自2010—2019年和讯网上市公司社会责任报告。具体而言，当企业社会责任评分大于样本中位数时，企业社会责任变量 *Res* 取值1，否则取0。接着，将企业社会责任变量（*Res*）与税收“春风”行动政策变量的交乘项 *Cost* × *Post* × *Res* 引入模型进行回归。表4－8第（2）列的结果显示，三重交乘项（*Cost* × *Post* × *Res*）的估计系数显著为正，这说明相对于具有较高社会责任的企业，对于具有较低社会责任的企业而言，税收春风行动带来的纳税服务改善对企业税收遵从的提升效应更大，这为税收“春风”行动通过提高纳税人满意度进而提高企业税收遵从提供了经验证据。

表4－8　　机制分析

变量	(1)	(2)
Cost × *Post* × *TC*	−0.0014** (0.0006)	
Cost × *Post* × *Res*		0.0016** (0.0007)
控制变量	是	是
年份固定效应	是	是
公司固定效应	是	是
观测值	12469	11978
R^2	0.4638	0.4763

注：括号内为经市层面聚类的调整的标准误；***、**、*分别代表系数在1%、5%和10%水平显著。

六、进一步分析

（一）异质性

为了进一步了解税收“春风”行动对企业税收遵从的具体影响，本章从名义税率和公司治理两个视角切入进行分析，以深入探讨改革对不同企业的异质性影响。

首先，大量的证据表明企业逃税与税率之间存在正相关关系（Alm et al.，1995），即名义税率越高时，企业的纳税成本就越高，企业通过逃税获得的税后收益就越多，高税率会引致税收非遵从。由此可以预期，纳税服务优化对企业税收遵从的提升效应对于逃税收益更大的高税率企业更为显著，对于逃税收益更小的低税率企业而言则不明显。为此，本章将样本按照企业名义税率高低分为两组进行回归，当企业的名义税率为25%时，则为高税率企业，否则为低税率企业。表4－9中第（1）和（2）列显示，税收“春风”行动对于税收遵从的提升效应仅存在于有更强逃税动机的高税率企业，而对低税率企业的影响则不显著。这进一步说明了税收“春风”行动降低了企业的逃税动机，进而提升了企业税收遵从。

其次，股东可以利用董事会对管理层的经营决策进行监督和控制（Williamson，1988）。独立董事可以通过选择、监督、考核、奖惩公司的管理层，减轻管理层和股东之间的利益冲突来维护公司的效益。在声誉机制的辅助约束下，和公司没有关联的外部董事因其更高的客观性更能有效地行使监督职能，从而降低现代公司制企业所面临的代理成本（Fama and Jensen，1983）。高质量的内部控制、独立董事的治理机制能有效抑制企业的税收规避行为（陈骏和徐玉德，2015；李成等，2016）。基于此，本章预期，税收“春风”行动对企业税收遵从的影响，对于公司治理水平较低的企业而言更为显著。其中，公司治理水平用公司独立董事占比衡量，占比越高公司治理水平相对更高，并按其年度中位数将样本分为两组进行回归。表4－9中（3）和（4）显示，税收“春风”行动对企业税收遵从的影响仅存在于公司治理水平较低的企业，这意味着税收征管可以发挥外部治理的作用，提高公司治理水平较低企业的税收遵从。

（二）经济后果的考察

2014年以来开展的“便民办税春风行动”旨在简化税务审批手续，让各项税收优惠政策积极落地，营造更优的税收营商环境，从而助力企业提质增效。前文验证了该政策的税收遵从激励效应、作用机制以及相关的异质性问题。那么，在外部冲击和内部转型升级压力下，税收“春风”行动能否在保障税收应收尽收的同时，将减税降费政策落到实处，帮助企业舒压增效，从而实现依法纳税与企业发展的“双赢”呢？为考察这个问题，本章建立了如下实证模型：

$$Taxpre_{it}/Tbq_{it} = \delta_0 + \delta_1 Cost_i \times Post_t + \beta \cdot X_{it} + \mu_i + \gamma_t + \varepsilon_{it} \quad (4-5)$$

其中，*Taxpre* 表示企业享受的税收优惠，由于税收优惠缺少直接的数据，本章以企业财务报表中“收到的税收返还”金额与利润总额的比值作为替代变量，*Taxpre* 越大，表示企业享受的税收优惠越大。*Tbq* 表示企业的市场价值，用托宾 Q 值来衡量，其余变量定义与上文相同。表 4－9 第（5）列显示，交乘项（*Cost*×*Post*）的系数显著为正，这说明税收“春风”行动促使了税收优惠政策的落实，切实帮助企业享受到了更多的税收优惠。表 4－9 中第（6）列中交乘项（*Cost*×*Post*）的系数显著为正，表明改革显著提高了企业价值。以上实证结果反映出，税收“春风”行动在促进企业税收遵从的同时，也切实帮助企业享受到了更多的税收优惠，助力了企业价值的提升。

表 4－9　　　　进一步分析

变量	名义税率		公司治理水平		税收优惠	企业价值
	（1）低	（2）高	（3）低	（4）高	（5）	（6）
Cost × *Post*	-0.0004 (0.0004)	-0.0011** (0.0005)	-0.0017*** (0.0005)	-0.0008 (0.0009)	0.0238*** (0.0082)	0.0351*** (0.0116)
控制变量	是	是	是	是	是	是
年份固定效应	是	是	是	是	是	是
公司固定效应	是	是	是	是	是	是
观测值	7436	5163	5783	4871	12463	12599
R^2	0.4228	0.5081	0.4277	0.4143	0.0073	0.5463

注：括号内为经市层面聚类的调整的标准误；***、**、*分别代表系数在1%、5%和10%水平显著。

七、结论与政策含义

本章利用中国上市公司数据，以税收“春风”行动为准自然实验，构建强度 DID 模型考察了纳税服务对企业税收遵从的影响。研究结果表明：优化纳税服务可以显著提高企业税收遵从。进一步的分析表明，优化纳税服务可以降低纳税成本以及提高纳税人满意度和获得感，进而激励企业提高税收遵从。此外，该效应主要集中于高税率的企业和公司治理水平较低的企业。最后税收“春风”行动还推动了减税降费政策的落地生根，显著提高了企业享受税收优惠的幅度，促使了企业价值的提升。

通过本章的研究可知，税收“春风”行动作为我国优化纳税服务，推进税收治理现代化的关键变革，可以激励企业遵从税法，对于推动我国税收征管的第三次大变革具有重要现实意义。因此，应持续推行税收“春风”行动，坚持以纳税人、缴费人为中心，要“放得到位”“管得规范”“服得优质”，才能激发市场主体活力、持续提高社会满意度与税收遵从度。

第五章

纳税信用评级与企业税收遵从

本章内容提要： 纳税信用评级披露是税收征管的重要制度组成，区别于基于威慑框架的强制性税收征管制度，作为一种柔性的税收征管措施，其对企业税收遵从有何影响在理论上并不确定。本章以2015年纳税信用评级的披露为准自然实验，采用双重差分模型，考察了A级纳税人光环之下的纳税“好名声”对企业税收遵从的影响。实证结果显示：纳税信用评级披露可以显著提高A级纳税信用企业的税收遵从，且该效应对于名义税率较高的企业、位于较低税收征管力度地区和较低税收道德水平辖区的企业来说更为显著。进一步分析显示，一方面高纳税声誉可以通过给企业带来切实经济利益，帮助企业缓解融资约束，以此激励企业遵从税法；另一方面，高纳税声誉还通过给企业带来外部压力，进而威慑企业遵从税法。本章拓展了声誉作用于企业税收遵从行为的内在机制，为提高企业税收遵从，乃至推进“信用中国”建设提供了实证支撑。

一、问题的提出

党的十九大报告指出：“中国特色社会主义进入新时代，我国社会主要矛盾已经转化为人民日益增长的美好生活需要和不平衡不充分的发展之间的矛盾”。人民对美好生活的需要是多样化、高层次、全方位的需求（潘丽文和万欣荣，2019）。税收是促进经济社会平衡充分发展、满足人民美好生活需要的重要物质基础。因此，保证国家税收收入应收尽收的重要性自然不言而喻。然而，尽管税收征管水平不断提高，逃避税现象仍然存在（杨得前，2009）。根据国家税务总局的调查报告显示，2019 年第一季度，全国税务机关检查涉嫌骗税和虚开增值税专用发票企业 2.69 万户，查处骗取出口退税违法行为挽回税款损失 11 亿元①。税收不遵从的直接后果就是减少国家财政收入，损害国家税收能力和公共服务供给能力（阮家福等，2005），而逃避税现象的减少则有利于税收负担的公平分配，促进社会和谐（周全林，2007）。因此，治理逃避税、提升企业税收遵从具有较强的理论意义和现实意义。

大量文献从不同角度探讨了企业税收遵从的影响因素，部分学者关注企业内部特征对税收遵从的影响，如拉尼斯和理查森（Lanis and Richardson，2015）关注企业社会责任履行对企业税收遵从的影响，其研究发现更具社会责任感的公司会表现出更少的避税行为。李成等（2016）关注董事会特征对企业税收遵从的影响，其研究发现董事会内部联结程度越高，企业避税程度也越高。谢建等（2016）关注管理层能力对企业税收遵从的影响，其研究发现管理层能力的提升会降低企业避税程度，且该效应在国有企业样本组中更为显著。部分学者更关注外部环境对企业税收遵从的影响，如蔡和刘（Cai and Liu，2009）关注市场竞争对企业税收遵从的影响，其发现面临更大市场竞争压力的企业更有动力避税，以便有更多的资金用于投资和扩大经营。周冬华等（2017）关注分析师跟进对企业税收遵从的影响，其研究发现分析师跟进会给企业带来业绩压力，进而导致企业通过避税来完成利润目标，即分析师跟进，尤其是明星分析师跟进会加剧企业避税。刘行和赵晓阳（2019）关注中国最低工资标准对企业税收遵从的影响，其研究表明最低工资标准的上涨会增加企业劳动力成本，加剧企业避税。但由于缺乏相关经验数据，一直以来，税收诚信机制的建设对企业税收遵从的影响较少受到学界的关注。

事实上，税收诚信机制作为一种柔性监管手段，与传统的强制性税收征管手段相比，不单纯依赖于国家强制力，而是通过柔性的手段引导纳税人自愿税收遵从（蒋建湘和李沫，2013）。为了规范纳税信用管理，提高税法遵从度，国家税务总局于 2014 年 7 月颁布了《纳税信用管理办法（试行）》，

① 国家税务总局网站《2019 年一季度全国税务部门组织税收收入情况》，http：//www.chinatax.gov.cn/chinatax/n810214/n810641/n2985871/n2985918/c4285995/content.html。

该办法规定税务机关按月采集纳税人的纳税信用信息，按年对纳税人进行纳税信用评价。对纳税信用评级为A的企业采取一定的激励措施，如主动向社会公开A级纳税人名单等。这种高纳税声誉带来的“光环效应”，一方面会向市场传递一种好的信号，提高企业声誉和形象，从而给企业带来收益，激励企业合法合规自愿纳税；另一方面，被评为A的企业会更多受到公众和媒体的关注，一旦企业有违法行为可能会被迅速传播和放大，由此企业会更加珍惜自身形象，这种公众压力可能会威慑企业减少潜在的逃避税行为。基于此，本章借助2015年纳税信用评级披露这一自然实验，利用双重差分法实证考察高纳税声誉对企业税收遵从行为的影响。

本章可能的贡献主要有以下四方面：其一，本章丰富了标准的期望效用框架（税率、收入、查获率、罚款比等）之外的因素对税收遵从影响的文献，补充了中国纳税信息披露的税收遵从效应的研究。其二，在研究设计上，国家税务总局的纳税信用评级披露具有“自然实验”性质，运用双重差分法能够比较好地识别出作为非强制性税收征管的纳税信用评级披露带来的高纳税声誉与企业税收遵从之间的因果关系。其三，本章研究结论对充分发挥纳税信用在社会信用体系中的重要作用，推进税收能力现代化具有重要启示意义。相对于阻止逃避税的通常措施（如稽查和信息报告等），纳税信用评级披露是一种廉价高效的促进纳税人遵从的方式，这对税务机关提升企业或个人税收遵从具有重要政策启示。其四，本章的研究对荣誉褒奖的有效性提供了解释。荣誉褒奖，如授予优秀证书、模范称号等，一直被作为与物质奖励同样重要的激励方式，本章通过回答和解释受褒奖者（A级纳税信用企业）的行为选择和内在机制，证明了荣誉褒奖激励的有效性。

二、制度背景与研究假设

（一）制度背景

2014年6月，国务院印发了《国务院关于印发社会信用体系建设规划纲要（2014—2020年）》（国发〔2014〕21号），纲要指出中国应加强税务领域信用建设，进一步完善纳税信用等级评定和发布制度，加强税务领域信用分类管理，发挥信用评定对纳税人的奖惩作用，以提升纳税人的税法遵从度。在此背景下，国家税务总局颁布的《纳税信用管理办法（试行)》（国税发〔2014〕40号，以下简称《办法》）和《纳税信用评价指标和评价方式（试行)》（国税发〔2014〕48号，以下简称《方式》），并于2014年10月1日起施行。《办法》制定的目的是规范纳税信用管理，促进纳税人诚信自律，提高税法遵从度，推进社会信用体系建设。纳税信用评级适用于查账征收的企业纳税人，一年一评；《方式》设置了比较完善的纳税信用指标体系。新纳税管理办法的评价指标主要包括：税务登记情况、纳税申报情况、账簿、凭证管理情况、税款缴纳情况、违反税收法律、行政法规行为处理情况等。考评分在90分以上的，为A级；70分以上不满90分的为B级；40分以上不满70分的为C级；考评分在40分以下的或者有重大税收违法行为的，为D级。2018年，新增M级。对于A级纳税人采取一定的激励措施，主要包括：主动向社会公布上个年度纳税评级为A的纳税人名单；增强发票领用便利；对连续三年以上纳税信用等级为A的纳税人，税务局协助处理涉税事项；税务机关联合其他部门对A级纳税人实施激励措施，特别是税务局与银保监会联合推出的“银税互动”，将企业纳税信用数据推送给银行，银行将其作为授信贷款的参考。这种来自官方的认可，可以有效缓解信息不对称，提高企业声誉，进而可能激励企业提高其税收遵从度。基于此背景，本章以2015年A级纳税人名单披露作为准自然实验，探究企业获得纳税“好名声”是否会影响以及如何影响企业税收遵从行为。

（二）理论分析与研究假设

高效率的税收征管是防止税收收入流失，保证国家税收应收尽收的重要保障（吕冰洋和郭庆旺，2011)。中国自分税制改革之后，不断探索完善税收征管制度，税收征管体制经历了法制化、信息化与征管流程的重组，税收征管的威慑效果不断加强（解洪涛，2017)。但是传统的税收征管忽略了税务官员可能滥用处罚制度；惩罚越严厉、起诉程序必须越详细和谨慎，处罚越严厉、法院可能越不愿意认定纳税人有逃税行为，因此一个实际的后果可能是处罚减少（Slemrod，2007）。传统的行政执法用于确保纳税人遵守法律的底线要求，而纳税信用管理作为一种信用工具，可以通过发挥声誉机制，促使A级纳税人的纳税义务在“超越法律强制性要求”的更高程度上予以履行（王瑞雪，2017）。现有研究表明，声誉机制可以深刻影响企业的核心利益，从而有效威慑企业放弃潜在的违法行为，是一种具有效率性、辅助公共执法的社会治理形式（吴元元，2012）。

企业声誉是一项具有战略价值的无形资本，良好的企业声誉能够降低信息不对称，带来“光环效应”，增强投资者和金融机构对企业的信心，进而缓解企业融资约束（Gomes，2000）。纳税信用评级的披露能够增加A级纳税企业的金融可得性，进而降低企业融资约束。一方面基于A级纳税企业的好信用，税务机关实施“银税互动”联合激励措施，国家税务局将“好信誉”的A级纳税信用企业名单推送给银行供银行授信参考，银行在授信贷款中会优先考虑，提升纳税信用为A级企业的信贷可得性，从而降低企业融资需求和融资约束。由此，纳税信用披露对评级为A企业产生的声誉效应，能够缓解A级纳税企业的融资约束。那么当企业被评为A级所带来的好处大于避税所带来的经济利益时，企业可能为了保持税务部门赋予的这份“荣誉”或“好名声”，更加规范自己的涉税行为，提高自身税收遵从度。

再者，经营者努力经营，不仅仅只是为了获得高额的经济报酬，还期望得到社会的认可和尊重，期望通过企业的发展来证实自己的人生价值（黄群慧和李春琦，2001）。纳税人可能出于逃避税造成的愧疚感和履行纳税义务带来的荣誉感而积极履行纳税义务（Dwenger et al.，2016）。A级纳税人名单的披露可以赋予企业和经营者良好的纳税形象，获得社会的认同和尊重，这种精神奖励可能也会使得经营者改变其避税行为。

同时，高纳税声誉也可能在企业危机情景下恶化危机所带来的负面影响。被评为A的企业作为高纳税声誉的企业，在利益相关者心中其应该承担更高道德责任，会更多受到公众和媒体的关注，一旦企业有税收失当行为可能会被迅速传播和放大，使得其企业价值、产量和市场份额下跌得更惨烈（孙涂蔚等，2020）。这种高纳税声誉带来的外部压力，会对企业的逃避税行为产生威慑作用，从而提高税收遵从度。

基于以上分析，本章提出假设：纳税信用评级的披露通过发挥声誉机制，激励企业提高税收遵从度。

三、研究设计

（一）模型设定

2014 年 10 月实施的《纳税信用管理办法（试行）》规定，税务机关每年根据纳税人的税务登记情况、纳税申报情况等涉税信息，进行纳税信用评级，并于次年主动公开 A 级纳税人名单。因此，本章将 2015 年纳税评级披露作为一次准自然实验，利用双重差分法（DID）评估高纳税声誉对企业税收遵从的影响。基于前文分析，本章设定的 DID 基准回归模型如式 5－1：

$$DDBTD_{it} = \delta_0 + \delta_1 Treat_i + \delta_2 Treat_i \times Post_t + \beta X_{it} + \gamma + \mu + \varepsilon_{it} \quad (5-1)$$

其中，$DDBTD_{it}$ 为企业税收遵从变量，其值越小意味着税收遵从度越高；$Treat \times Post$ 为反映纳税信用评级披露对企业税收遵从影响效应的变量，若 δ_2 系数显著为负，表明纳税信用评级披露后，纳税信用评级为 A 企业会提高税收遵从，反之则相反。X 为影响企业税收遵从的一组控制变量，如下文所定义。δ_0 为常数项，δ_1 和 β 为控制变量待估系数。γ 和 μ 分别表示时间与行业固定效应，ε_{it} 为随机误差项。需要说明的是，时间固定效应 γ 已包含经典 DID 模型中的实验期变量 $Post$。

（二）变量定义

1. 被解释变量。现有的被广泛应用刻画企业税收遵从度的指标主要有两类，一类是企业的实际所得税率及其变体，但是计算实际所得税率的指标没有考虑会税差异，会导致低估企业的避税活动（叶康涛等，2018）。二是会税差异，该指标可以从个体和时间两个维度反映上市公司的税收非遵从行为。因此，本章用扣除应计利润影响的会税差异（*DDBTD*）作为企业税收遵从的衡量指标，*DDBTD* 越大说明企业避税可能性越大，其计算方法如式 5－2：

$$BTD_{it} = \beta TACC_{it} + u_i + \varepsilon_{it} \quad (5-2)$$

其中，*BTD* 为会税差异，*TACC* 为企业应计利润。u_i 表示企业 i 在样本期间内的残差均值，ε_{it} 表示企业 i 在 t 年的个体残差；*DDBTD* 为两残差项（u_i与 ε_{it}）之和，表示 *BTD* 中不能被应计利润（*TACC*）解释的部分。

2. 解释变量。处理组和对照组虚拟变量 *Treat*。处理组为 2014 年纳税信用等级被评为 A（2015 年披露）的企业，定义为 1；否则为对照组，定义为 0。政策时间虚拟变量 *Post*，2015 年及之后定义为 1，之前定义为 0。

3. 控制变量。借鉴刘行和赵晓阳（2019），本章还控制了一些影响公司税收遵从的企业特征变量，包括：企业规模（*Size*），等于总资产的对数；无形资产比率（*IR*），等于年末无形资产净值与总资产的比例；固定资产比率（*FR*），等于年末固定资产净值与总资产的比例；账面市值比（*MB*），等于年末股票总市值与总资产的比例；第一大股东持股比例（*Ratio*），等于上市公司持股最多的股东的持股数量占上市公司总股数的比例；企业年龄（*Age*），等于观测年份 t 减去企业注册年份。表 5－1 中给出了主要变量的描述性统计。企业税收遵从度（*DDBTD*）均值为 0.001，最小值为 －0.2574，最大值为 0.1955，这表明企业的税收遵从度在样本期间内存在较大差异。

表 5－1　主要变量描述性统计结果

变量	均值	中位数	标准误	最小值	最大值
DDBTD	0.0010	0.0040	0.0753	－0.2574	0.1955
Post	0.4845	0.0000	0.4998	0.0000	1.0000
Treat	0.5904	1.0000	0.4918	0.0000	1.0000
Ratio	0.3528	0.3348	0.1486	0.0845	0.7430
Age	17.0041	17.0000	5.2787	1.0000	42.0000
Size	22.1469	21.976	1.3235	14.9469	28.2729
IR	0.0469	0.0339	0.0514	0.0000	0.3274
FR	0.2194	0.1824	0.1677	0.0018	0.7283
MB	0.8796	0.5790	0.8822	0.0799	4.8050

（三）样本筛选和数据来源

本章选取2011—2017年中国沪深A股上市公司为研究样本。根据研究需要，对样本进行了如下处理：剔除金融行业样本、ST上市公司样本；剔除了本章观察变量存在缺失值的样本；由于2016年和2017年纳税信用评级为A的企业名单有所变动，为了保证本章估计结果的有效性，本章剔除了所有2016年、2017年新增的披露为A的企业，即只保留2015年披露的评级为A的样本。最终得到样本观测值12941个。为了消除极端值的影响，本章对所有连续变量在1%和99%百分位上进行了缩尾处理。

本章的数据来源如下：纳税信用评级数据通过网络爬虫的方式获取，并与上市公司数据进行匹配，样本企业的财务数据来自国泰安数据库和同花顺数据库，企业所得税法定税率来自万得（Wind）数据库。

四、实证结果与分析

（一）高纳税声誉与企业税收遵从：基本结果

表5-2中列示了基于式（1）的回归结果。其中第（1）和（2）列是基于非平衡面板数据的回归结果，第（1）列未控制企业特征，第（2）列加入了企业特征变量，*Treat* × *Post*的系数在5%水平上均显著为负，这表明纳税信用披露后，评级为A的企业税收遵从显著提高，验证了本章的假设。此外，本章还剔除了2011—2017年数据不连续的样本重新对式5-1进行回归。表5-2中第（3）列报告了使用平衡面板数据回归的结果，可以看出，*Treat* × *Post*的系数在5%水平上依旧显著为负。这些结果都表明，在A级纳税人名单公布后，高纳税声誉企业的税收遵从度显著提高。

表 5 - 2　　纳税评级披露对企业税收遵从影响的回归结果

变量	(1)	(2)	(3)
Treat × *Post*	-0.0055 ** (0.0023)	-0.0053 ** (0.0023)	-0.0058 ** (0.0025)
Treat	0.0097 *** (0.0031)	0.0083 *** (0.0029)	0.0089 ** (0.0035)
Ratio		0.0003 *** (0.0001)	0.0002 * (0.0001)
Age		0.0008 *** (0.0002)	0.0006 * (0.0003)
Size		0.0088 *** (0.0014)	0.0085 *** (0.0016)
IR		0.0501 * (0.0266)	0.0646 *** (0.0308)
FR		0.1311 *** (0.0078)	0.1359 *** (0.0094)
MB		-0.0068 *** (0.0018)	-0.0075 *** (0.0020)
常数项	0.0355 (0.0290)	-0.1886 *** (0.0407)	-0.1580 *** (0.0490)
年度固定效应	控制	控制	控制
行业固定效应	控制	控制	控制
样本数量	12941	12941	8596
R^2	0.1133	0.1819	0.2141

注：括号内为标准误，经过了公司层面的聚类调整；***、**、*分别表示 1%、5%、10% 的显著性水平。

（二）稳健性检验

1. 平行趋势与动态效应分析

要使双重差分法估计结果无偏，需要处理组和控制组在受到政策冲击之前具有平行趋势。企业是否被评为 A 级纳税企业是由税务登记情况、纳税申报情况、账簿、凭证管理情况、税款缴纳情况、违反税收法律、行政法规行为处理情况等综合评分而来，并不是企业税收遵从度的简单反映，这一定程度上也避免了双向因果对本章估计结果的影响。此外，理论上，如果表5-2呈现的结论是由遗漏变量引致，那么纳税评级为A的企业的税收遵从度应是持续提高的，不会受是否被评为A级的影响；同时如果企业税收遵从度是影响企业是否成为A级纳税企业的决定性因素，那么A级纳税的企业和非A级纳税企业的税收遵从度将会在纳税评级披露之前表现出显著差异。为此，本章利用式5-3进行检验：

$$DDBTD_{it} = \delta_0 + \delta_1 Treat_i \times Year_{2012} + \delta_2 Treat_i \times Year_{2013} + \delta_3\ Treat_i \times Year_{2014} + \delta_4\ Treat_i \times Year_{2015} + \delta_5\ Treat_i \times Year_{2016} + \delta_6\ Treat_i \times Year_{2017} + \beta X_{it} + \gamma + \mu + \varepsilon_{it} \quad (5-3)$$

其中，$Year_t$为年度虚拟变量，在t年份当年取值为1，其他年份取值0。δ为变量待估参数；X_{it}、γ、μ、ε与上文定义相同。估计结果如图5-1所示，在2015年以前，$Treat \times Year_t$变量系数不显著，说明不能拒绝平行趋势假设。2015年$Treat \times Year_t$变量系数也不显著，在2016年和2017年该交叉项的系数在10%水平上显著为负，这意味着纳税信用评级披露对企业税收遵从度的增进效应存在着时滞，纳税信用评级披露给企业带来的影响以及企业税收遵从行为的调整需要一定的反应时间。此外，税收遵从度提高仅在纳税信用评级披露后显著，也说明这一关系不是税务局对企业纳税遵从高低的简单反应。综上可知，纳税评级披露显著提高了A级纳税企业的税收遵从，且这一结果并不受遗漏变量和互为因果问题的影响。

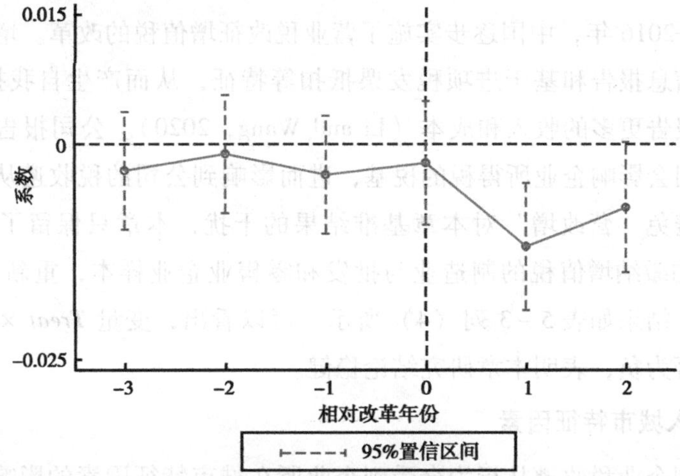

图5-1 平行趋势检验

2. 倾向得分—双重差分法（PSM-DID）估计

PSM-DID 分析方法可以较好地避免高纳税声誉作为解释变量所存在的内生性问题，同时剔除其他干扰因素而有效识别高纳税声誉对企业税收遵从影响的净效应。PSM-DID 的基本思路是：首先，采用 1∶1 的最近邻匹配法找到纳税信用评级为 A 的企业匹配条件相当的公司作对照（匹配后样本满足平衡性假设与共同支撑假设，限于篇幅，具体结果不在此列示）；然后，对匹配后的样本进行双重差分（DID）。估计结果表 5-3 列（1）所示，*Treat* × *Post* 的估计系数仍然显著为负，表明本章实证结果稳健。

3. 更换被解释变量

为了避免使用单一度量指标差异对结果的影响，本章采用未扣除应计利润影响之前的会税差异（*BTD*）来刻画企业税收遵从度，并重新进行回归。估计结果如表 5-3 列（2）所示，*Treat* × *Post* 的系数仍然显著为负，表明本章实证结果稳健。

4. 控制公司层面的固定效应

为避免公司层面的不变因素可能造成的遗漏变量问题对本章估计结果的影响，本章在回归中控制了公司层面的固定效应，同时还剔除了实际税率小于 0 的异常样本。估计结果如表 5-3 列（3）所示，可以看出，*Treat* × *Post* 的系数仍然显著为负，表明本章实证结果稳健。

5. 排除其他事件的干扰

2012—2016 年，中国逐步实施了营业税改征增值税的改革。增值税具有的第三方信息报告和基于进项税发票抵扣等特征，从而产生自我执行机制，促使企业报告更多的收入和成本（Li and Wang，2020）。公司报告收入和成本的变化则会影响企业所得税的税基，进而影响到公司的税收遵从行为。因此，为了避免“营改增”对本章基准结果的干扰，本章只保留了在“营改增”前后均缴纳增值税的制造业与批发和零售业企业样本，重新对式 5-1 进行回归，结果如表 5-3 列（4）所示。可以看出，变量 *Treat* × *Post* 的系数仍然显著为负，表明本章研究结论稳健。

6. 引入城市特征因素

考虑到企业税收遵从行为会受到企业所在城市特征因素的影响，如当地税务部门的征管力度、与政府部门官员的关系等。因此，本章在式 5-1 的基础上引入城市固定效应以控制城市特征因素，估计结果如表 5-3 列（5）和（6）所示。此外，本章还引入了城市与年度的交互效应进行检验，以控制一些随着时间动态调整的城市特征，如表 5-3 列（7）所示。这些结果都表明，在控制了城市特征后，本章实证结果依然稳健。

表 5-3 稳健性检验

变量	(1)	(2)	(3)	(4)	(5)	(6)	(7)
Treat × *Post*	-0.0048 * (0.0028)	-0.0029 * (0.0015)	-0.0037 * (0.0021)	-0.0060 ** (0.0028)	-0.0061 *** (0.0023)	-0.0049 ** (0.0023)	-0.0052 * (0.0028)
Treat	0.0074 ** (0.0031)	0.0052 *** (0.0012)		0.0074 ** (0.0035)	0.0061 * (0.0032)	0.0041 (0.0031)	0.0040 (0.0034)
常数项	-0.1689 *** (0.0419)	-0.1109 *** (0.0190)	0.0428 (0.0347)	-0.1896 *** (0.0340)	-0.2281 *** (0.0269)	-0.1525 *** (0.0398)	-0.1815 *** (0.0441)
控制变量	控制	控制	控制	控制	控制	控制	控制
年度固定	控制	控制	控制	控制	控制	控制	否
行业	控制	控制	否	控制	否	控制	控制
城市	否	否	否	否	控制	控制	否
城市 × 年度	否	否	否	否	否	否	控制
公司	否	否	控制	否	否	否	否
样本量	10945	12941	11,853	8787	12941	12941	12941
R^2	0.1853	0.0561	0.0199	0.1052	0.2317	0.2708	0.3226

注：括号内为标准误，经过了公司层面的聚类调整；***、**、* 分别表示 1%、5%、10% 的显著性水平。

7. Placebo 检验

如果基准回归的结果在公司的纳税信用评级为任意等级的情况下都存在，那么高纳税声誉对税收遵从影响的显著性将失去统计意义。因此，本章将纳税信用评级为 A 随机分配给上市公司，然后用生成的模拟虚拟变量对式 5-1 进行回归。1000 次的重复抽样结果如图 5-2 所示，虚构的政策变量 *Treat* × *Post* 的回归系数都集中在零附近，这表明本章构造的虚拟处理效应并不存在。

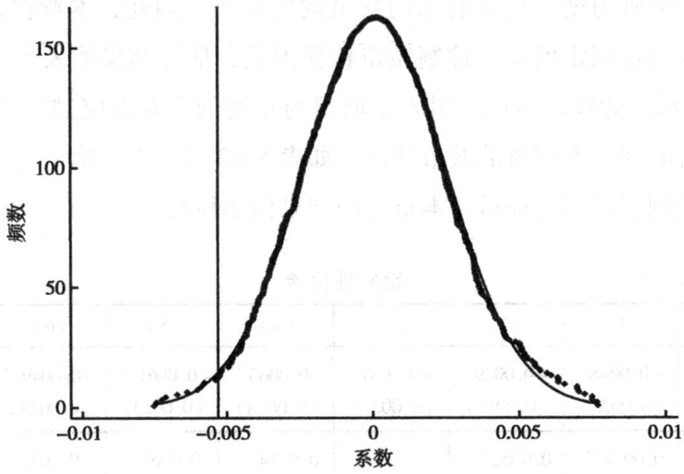

图 5-2　1000 次 Placebo 检验结果

五、异质性与机制分析

(一) 高纳税声誉对企业税收遵从影响的异质性分析

上文实证结果已经证明，纳税评级披露产生的高纳税声誉会促使 A 级纳税企业的税收遵从度提升。这一效应可能因企业避税动力的不同而存在异质性。

首先是名义税率差异。虽然在理论上税率和企业逃税的关系并不明确，但经验研究表明高税率与税收非遵从正相关，名义税率高的企业，意味着其有更高的税收成本，逃避税收的收益更高，在融资约束下具有更高的逃避税动机，这可能使高纳税声誉对企业税收遵从的影响在适用不同法定税率企业间存在差异。

为此，本章按照名义税率高低将样本分为两组：高税率组（名义税率为 25%）和低税率组（名义税率低于 25%），重新对式 5-1 进行回归。结果如表 5-4 列（1）和（2）所示，变量 *Treat* × *Post* 的回归系数在高名义税率样本组显著为负，在低税率样本组不显著。这表明，高纳税声誉显著提高了名义税率较高企业的税收遵从度，而对名义税率较低企业的税收遵从行为的影响不显著。这说明，逃避税的收益驱使企业从事税收非遵从行为，名义税率差异产生的税收成本和逃避税收益差异构成了高纳税声誉对企业税收遵从的影响差异。

其次是税收征管力度差异。纳税信用评级作为一种柔性税收征管，可以通过发挥声誉机制，激励企业提高税收遵从，是对强制性税收征管威慑效应的补充（孙雪娇等，2019）。因此，预期高纳税声誉对企业税收遵从的影响在税收征管力度较低的地区更能发挥显著的激励作用。本章借鉴曾亚敏和张俊生（2009）的做法，以税收努力程度（*TE*）作为税收征管力度的代表变量，其计算模型如式 5 -4：

$$\frac{tax_{it}}{GDP_{it}} = \alpha_0 + \alpha_1 \times gdp_{it} + \alpha_2 \times \frac{IND1_{it}}{GDP_{it}} + \alpha_3 \times \frac{IND2_{it}}{GDP_{it}} + \varepsilon \tag{5-4}$$

其中，tax_{it}表示 i 地区 t 年的税收收入，GDP_{it}表示 i 地区 t 年的地区生产总值，gdp_{it}表示 i 地区 t 年的人均地区生产总值的自然对数，$IND1_{it}$为各地区当年末第一产业产值，$IND2_{it}$为各地区当年末第二产业产值。通过对式 5 -4 的拟合得到各地区税收负担的预测值，税收努力程度（*TE*）即为实际税收负担和预期税收负担的比值。然后按照 2014 年该指标的均值，将样本分为两组，重新对式 5 -1 进行回归。研究结果如表 5 -4 列（3）和（4）所示，在税收征管力度较低的地区，变量 $Treat \times Post$ 的系数显著为负，但在税收征管力度较高的地区系数则不显著，这表明，在税收征管力度较低的地区，高纳税声誉对企业税收遵从发挥了显著的激励作用，意味着柔性税收征管对强制性税收征管具有补充作用。

最后是地区税收道德水平差异。地区税收道德会作为一种外部因素约束纳税人的税收遵从行为，因为逃税会使得纳税人产生“内疚感”和“公共耻辱感”，这会导致税收道德成本的提高，从而降低其整体的效用。田彬彬和邢思敏（2017）基于世界价值观调查（WVS）发现地区税收道德水平和企业逃税水平呈显著负相关，即辖区内税收道德越高，该辖区内企业的逃税水平越低。因此，预期高纳税声誉对企业税收遵从行为的影响在辖区税收道德较低的地区更能发挥显著的激励作用。

基于此，本章以 2012 年世界价值观调查（WVS）中公众对于逃税行为的判断作为税收道德的代理变量，按照不同区域受访者对于“您认为逃税可接受的程度是多少”问题回答的评分均值，将样本分为两组，重新对式5－1进行回归。估计结果如表5－4列（5）和（6）所示，在税收道德较低的地区，变量 *Treat*×*Post* 的系数显著为负，但在税收道德较高的地区变量系数不显著，这表明，在税收道德较低的地区，高纳税声誉对企业税收遵从发挥了显著的激励作用。

表5－4　　异质性分析

变量	按名义税率分组		按征管力度分组		按税收道德分组	
	（1）	（2）	（3）	（4）	（5）	（6）
	高税率企业	低税率企业	高征管力度	低征管力度	高税收道德	低税收道德
Treat×*Post*	－0.0096** （0.0038）	0.0025 （0.0032）	－0.0021 （0.0034）	－0.0070** （0.0031）	－0.0046 （0.0035）	－0.0063** （0.0031）
Treat	0.0166*** （0.0045）	0.0046 （0.0036）	0.0059 （0.0041）	0.0098** （0.0041）	0.0119*** （0.0043）	0.0060 （0.0040）
常数项	－0.3268*** （0.0535）	0.0271 （0.0440）	－0.2280*** （0.0495）	－0.1437** （0.0588）	－0.0950* （0.0555）	－0.2527*** （0.0533）
控制变量	控制	控制	控制	控制	控制	控制
年度固定效应	控制	控制	控制	控制	控制	控制
行业固定效应	控制	控制	控制	控制	控制	控制
样本数量	5619	7322	5921	7020	6774	6167
R^2	0.2466	0.1511	0.2177	0.1930	0.1888	0.2127

注：括号内为标准误，经过了公司层面的聚类调整；***、**、*分别表示1%、5%、10%的显著性水平。

（二）高纳税声誉提升企业税收遵从的机制分析

1. 高纳税声誉的价值

本章的基准回归结果表明，在纳税信用等级披露以后，纳税信用等级为

A 的企业税收遵从度会显著提高。那么，纳税信用等级的披露通过何种方式影响企业的税收遵从行为？如果持有纳税信用等级为 A 的身份可以给企业带来不菲的收益时，企业就可能会选择提高税收遵从、照章纳税，以保持声誉从而获得声誉带来的利益。也就是说，纳税信用评价披露通过高纳税声誉给企业带来利益，激励企业遵从税法。理论上，税务部门会向社会公布纳税信用等级为 A 的企业名单，这将会提高被评为 A 的企业的社会声誉，给市场传递一种良好的信号，增加企业从银行获得的贷款，进而缓解企业融资约束。为此，我们通过检验纳税评级披露对被评为 A 级企业的融资约束影响，来验证高纳税声誉提升税收遵从的利益驱动渠道。

本章理论分析表明“银税互动”增加了企业从银行获得贷款的能力，进而缓解了企业融资约束。为此，本章用短期借款与长期借款之和占总资产的比重衡量企业贷款能力（*STLOAN*），然后以企业贷款能力为被解释变量，重新对式 5 - 1 进行回归。估计结果如表 5 - 5 列（2）所示，可以看出 *Treat* × *Post* 系数显著为正。表明高纳税声誉可以提高企业的贷款能力。

为了进一步说明企业获取贷款的能力是否在高纳税声誉影响企业遵从行为的过程中发挥中介作用。借鉴温忠麟等（2004）提出的中介效应检验程序，进行中介效应分析。第一步，检验解释变量 *Treat* × *Post* 对被解释变量企业税收遵从度的回归系数，若显著则继续第二步；第二步检验 *Treat* × *Post* 对企业贷款能力的回归系数，若显著，则进行第三步；第三步，将 *Treat* × *Post* 与企业贷款能力纳入第一步的模型中，如果 *Treat* × *Post* 与企业贷款能力的系数都显著，则说明存在部分中介效应，如果企业贷款能力的系数显著，而 *Treat* × *Post* 系数不显著，则是完全中介效应；此外，如果第二步的 *Treat* × *Post* 和第三步的企业贷款能力的系数有不显著的，则要做 Sobel 检验判断中介效应的显著性。第一步和第二步检验的结果如上文所述。第三步检验的结果如表 5 - 5 列（3）所示，在式 5 - 1 加入企业贷款能力（*STLOAN*）后，*Treat* × *Post* 和 *STLOAN* 系数均显著，说明企业贷款能力在高纳税声誉影响企业税收遵从行为的过程中具有部分中介效应。通过以上的检验，揭示出“纳税评级披露→缓解企业融资约束→企业税收遵从度提高”的作用渠道。

表 5－5　　　　　　　　　　高纳税声誉的价值

变量	(1) 税收遵从 (*DDBTD*)	(2) 贷款能力 (*STLOAN*)	(3) 税收遵从 (*DDBTD*)
Treat × *Post*	－0.0053 ** (0.0023)	0.0117 ** (0.0047)	－0.0043 * (0.0025)
STLOAN			－0.0638 *** (0.0105)
Treat	0.0083 *** (0.0029)	－0.0314 *** (0.0052)	0.0064 ** (0.0029)
常数项	－0.1886 *** (0.0407)	0.0474 (0.0586)	－0.1942 *** (0.0400)
控制变量	控制	控制	控制
年份固定效应	控制	控制	控制
行业固定效应	控制	控制	控制
样本数量	12941	10893	10893
R^2	0.2141	0.3659	0.2067

注：括号内为标准误，经过了公司层面的聚类调整；***、**、* 分别表示 1%、5%、10% 的显著性水平。

2. 高纳税声誉的压力

高纳税声誉提升企业税收遵从度，一方面源于高纳税声誉给企业带来的切实利益，企业出于利益的考量而减少税收逃避；另一方面，纳税信用评级披露产生的高纳税声誉会给企业带来社会公众和媒体的关注，一旦企业行为失当可能会被迅速传播和放大，这种声誉产生的外部压力会迫使企业减少逃避税，因此，本章通过检验纳税信用披露的税收遵从效应是否对更注重自身声誉的企业作用更明显，来验证高纳税声誉提升税收遵从的声誉压力渠道，为本章的研究提供进一步的证据。

理论上讲，一些企业，如大企业，社会影响力更大、受到社会的关注更多，往往会更注重其自身的社会形象，在评为 A 级纳税人后，一旦失去纳税信用 A 级企业身份对其造成的损失会更大，会更加珍惜其纳税信用 A 级企业的身份，因此，纳税评级披露发挥的声誉效应对规模较大的企业可能更为明显。为此，本章分年度按企业资产总额的均值将样本分为两组，重新对式 5－1 进行回归，结果如表5-6列（1）和（2）所示。第（1）列的结果显示，变量 *Treat* × *Post* 的回归系数在1%水平显著为负，这表明，纳税信用等级披露显著提高了大规模企业的税收遵从度。与之不同的是，第（2）列中 *Treat* × *Post* 的回归系数绝对值小于第（1）列且在统计上不显著，这表明高纳税声誉对规模较小企业的税收遵从行为的影响不显著。这一结果表明，与规模较小的企业相比，纳税信用等级的披露对更注重自身声誉的大企业的影响更强。

此外，机构投资者拥有较强的信息挖掘的专业能力，机构的进入也更容易引起投资者的关注（周铭山等，2017）。在机构投资者比例高的企业，一旦企业有负面消息被披露，会使其利益严重受损。因此，投资者关注程度较高的企业面临更大的声誉压力，预期高纳税声誉对其税收遵从行为的影响更大。基于此，本章分年度按照基金持股比例的均值将样本分为两组，重新对式5-1进行回归，结果如表5-6列（3）和（4）所示。第（3）列的结果显示，变量 *Treat* × *Post* 的回归系数在5%水平显著为负，第（4）列的变量 *Treat* × *Post* 的回归系数却不显著。这表明，投资者关注程度更高的企业，高纳税声誉对其税收遵从行为的影响更强。以上结果都进一步验证了纳税评级披露发挥作用的声誉压力渠道。

表5-6 高纳税声誉的压力

变量	(1)	(2)	(3)	(4)
	大规模	小规模	关注度高	关注度低
Treat × *Post*	-0.0102 *** (0.0032)	-0.0007 (0.0039)	-0.0080 ** (0.0037)	-0.0035 (0.0040)
Treat	0.0109 *** (0.0038)	0.0071 * (0.0040)	0.0120 *** (0.0042)	0.0079 * (0.0041)
常数项	-0.2281 *** (0.0516)	-0.2180 *** (0.0800)	-0.1253 *** (0.0478)	-0.2312 *** (0.0584)
控制变量	控制	控制	控制	控制
年份固定效应	控制	控制	控制	控制
行业固定效应	控制	控制	控制	控制
样本数量	6383	6558	5463	5467
R^2	0.2700	0.1217	0.2368	0.1570

注：括号内为标准误，经过了公司层面的聚类调整；***、**、*分别表示1%、5%、10%的显著性水平。

六、结论与政策建议

（一）主要结论

治理逃避税、提升税收遵从是事关国家能力的重要问题，除了基于威慑模型的强制性税收征管，借助声誉机制，通过非强制性税收征管方式激励企业遵从税法，受到政府越来越多的青睐和研究者的关注。本章在理论分析的基础上，利用国家税务局 2015 年纳税信用评级披露为“自然实验”，以 2011—2017 年上市公司微观数据为样本，运用双重差分法考察了 A 级纳税信用光环之下，高纳税声誉的“好名声”对企业税收遵从的影响。本章的实证结果发现：作为非强制性税收征管方式的纳税信用评级披露提升了被评为 A 级企业的税收遵从，这表明声誉机制在改进纳税遵从方面存在有效性。异质性检验表明，纳税信用评级披露对企业税收遵从的影响主要集中在名义税率较高的企业、位于税收征管力度和税收道德较低地区的企业。渠道分析显示，高纳税声誉通过缓解企业融资约束和给企业带来外部压力，促进企业税收遵从水平的提高。

（二）政策建议

基于以上实证结论，结合推进国家治理体系和治理能力现代化的总体要求，本章提出以下政策建议。

1. 提高纳税信用的立法层级，完善法制基础

目前国家税务总局出台的《纳税信用管理办法（试行）》等相关文件都是一些规范性文件，立法层级较低，纳税信用管理法律支撑不足。因此，在《中华人民共和国税收征收管理法》修订中可以将纳税信用管理纳入，对纳税信用管理原则、主体、范围、成果运用等基本事项做出规范，为纳税信用奖惩提供法律依据，实现纳税信用管理法定。

2. 增强纳税信用管理评价体系的科学性和导向性

目前纳税信用评价指标几乎涵盖了所有征管法中规定的税收违法行为，但评价指标太过笼统、评价信息的来源也过于单一。因此，应该科学设置纳税信用评价指标，区分纳税人是一般纳税人还是小规模纳税人，分别确定各自的评价指标和权重。基于企业税收违法行为的性质和程度，更多设计客观化、标准化的指标，减少一些不必要的评价指标，增强评价的科学性、公信力，并避免出现人为的干预和寻租。此外，提高税务机关的征管能力，充分挖掘利用金税三期的强大功能，结合大数据和云计算等，以“互联网+税务”的方式，及时全面获取纳税人的涉税信息。最后，还可以实施纳税信用动态评分制，引入加分项，将扣分项与加分项相结合进行评分，同时可按月或者季度对纳税人进行纳税信用评价并及时将评价结果推送给纳税人，使纳税人可以随时了解到自身的纳税信用状况，及时调整其纳税行为，引导其提高税收遵从。

3. 扩大纳税信用评级结果应用的范围和力度

首先，税务部门可以利用高纳税声誉披露对纳税遵从的促进作用，将纳税信用评价结果应用向多个领域扩展，推动企业纳税“好名声”“好消息”的传播。将A级纳税人的名单及评定过程，除了在政府官方网站公布外，还可以联系其他有影响力的新闻媒体或网站积极传播，增强A级纳税人的社会声誉。在进一步推动“银税互动”来缓解企业融资难、融资贵的同时，将企业涉税信息向海关、外汇、市场监管部门等共享，实现“以税增信”，更大程度发挥声誉机制对企业税收遵从的影响。其次，除了公布A级纳税人名单以外，也要逐步考虑公布B、C、D、M等其他级别的纳税人名单和评定过程。尤其对于纳税信用差的D级纳税人，通过建立“税收黑名单”的形式向其施加“声誉风险”，随之而来的市场惩戒和社会惩戒的效果，很可能大于行政执法的效果。最后，还可以尝试将企业的纳税信用评级信息与企业法定代表人、领导层核心人员、财务负责人等有重要责任的自然人的个人信用挂钩，使纳税严重失信企业的主要责任人承担信用责任，鼓励企业管理者在企业经营过程中依法合规纳税。

4. 简政放权，推动市场化改革，营造良好的税收营商环境

本章的研究表明，高纳税声誉可以有效引导资源的配置，从而影响市场主体的税收遵从行为。因此，政府可以深化市场化改革，加强资本市场的建设，让企业的纳税声誉光环发挥出“资源福音”作用，使诚信纳税的“好名声”切实带来“好收益”，进而促使企业更加珍惜自身形象，做到诚实守信纳税。此外，深化税收领域的“放管服”改革，简化纳税人的纳税申报程序和手续，避免纳税人因申报过于烦琐和困难而出现随意申报纳税信息的情形，推动纳税信用管理的潜在积极效应充分发挥。

第六章

地区间税收竞争与企业避税

本章内容提要：地方官员绩效考核及晋升激励，执政为民、有所作为的政治责任和道德要求，使地方政府官员有很强的税收竞争的动机。分税制下地方政府具有的财政自主权，使地方政府具有开展税收竞争的能力和工具，由此产生了中国地方政府间的税收竞争。尽管我国地方政府的税收立法权比较有限，无法通过税种设置和税制调整等传统方式进行税收竞争，但在现实中，地方政府却能够采取放松对辖区内企业的税收征管的方式展开税收竞争。理论上，税收竞争将降低辖区税收征管力度，企业税收非遵从被查获和处罚的概率下降，预期边际成本降低，这使得企业倾向于采取激进的税收决策。本章利用企业微观数据和地区数据，考察了地区间税收竞争这一制度环境对企业避税的影响。实证结果表明，地区间税收竞争将通过降低地区内税收征管强度的机制引致企业税收非遵从增加。进一步地分析发现，税负较高的企业和盈利能力更强的企业在税收竞争的影响下，避税动机更强；对于经济发展水平更高的东部地区企业，税收竞争对企业避税的作用更强。本章不仅丰富了对地区间税收竞争微观效应的文献，而且为认识企业的避税动机和行为，规范地区间税收竞争，避免恶性税收竞争所造成的损失提供了经验依据。

一、引　言

在分税制下，中国地方政府具有很大的经济和财政决策权，同时具有相对独立的经济利益体，在经济增长为主的地方政府官员考核和晋升制度下，地方政府有强烈的激励和现实的能力与其他地区开展竞争（周黎安，2007）。通过税收优惠实施、放松征管强度等开展税收竞争，成为各地区吸引劳动力、资本等生产要素及优质经济资源的重要方式。同时，近几年来我国开始陆续推出各种区域性发展战略，例如国家级新区、经济特区、自贸试验区和经济技术开发区等，赋予其更大的经济财政和行政自主权，给予其大量的区域优惠政策倾斜。这有效地释放了区域经济活力，促进了区域经济增长和产业升级，但是客观上也为地区间税收竞争创设了更多的机会和空间。

经验研究证明税收竞争在我国客观存在（郭杰和李涛，2009；杨龙见和尹恒，2014），那么，地区间税收竞争将会产生什么样的经济效应？已有的文献从经济增长、产业转移和升级、地方债务风险、资本流动、企业绩效、非税收入、企业出口等多维度进行了丰富的研究（沈坤荣和付文林，2006；唐飞鹏，2017；储德银等，2020；谢欣和李建军，2011；王佳杰等，2014；王凤荣和苗妙，2015；关爱萍等，2017；彭馨和蒋为，2021；冯曦明和张仁杰，2021）。企业避税是面对政府征税行为的重要反应，地区间税收竞争直接影响地方政府的征税行为，是否会进而影响企业税务决策和避税？现有研究还比较稀少，范子英和田彬彬（2013）利用中国2002年所得税分享改革的自然实验度量了税收执法力度，研究其对企业所得税避税的影响，由于此次改革将企业按照成立时间的差异划归国税局和地税局征管，地方政府间的税收竞争会降低地方税务局的税收执法力度，却不影响国税局，因此两者之间税收执法的差异就反映了税收竞争的效应。他们的研究为税收竞争与企业避税间关系提供了证据，但是其研究是借助不同税务机关的征税努力变化来识别税收竞争，并没有直接衡量地区间的税收竞争。

理论上，地区间的税收竞争会影响企业避税行为。尽管我国地方政府不具有完备的税种开征、税率调整和税收优惠政策制定权，但为了吸引资本、劳动等生产要素，地方政府会采取更隐蔽的降低税收征管力度等方式（郭杰和李涛，2009），影响地区内的实际税率。税收征管力度的降低，不可避免地会降低企业逃避税被查获的概率，企业避税预期风险和成本降低、预期收益上升，这可能使地区间税收竞争会引起企业避税的增加。本章从地区间税收竞争这一重要制度环境入手，在理论分析基础上，实证探究税收竞争影响企业避税行为的因果关系及作用机制。本章从外部制度环境的角度解释了企业避税的动机和行为，同时一定程度上丰富了税收竞争微观效应的文献。

二、文献综述

关于税收竞争，蒂布特（Tiebout，1956）的“用脚投票”理论展示了地方政府开展税收竞争的动机，在地区间居民的流动性不受约束且迁移成本为零的情况下，居民为了实现福利最大化，会按偏好选择某个辖区的税收和支出组合，地方政府出于吸引劳动力等生产要素、提高辖区内福利的动机，开展税收竞争。奥茨（Oates，1972）进一步提出政府间税收竞争的动机在于吸引企业和投资。其后，佐德罗和迈斯科夫斯基（Zodrow and Mieszkowski，1986）构建税收竞争基本模型，证实了区域税收负担对于资本流动的影响：资本在地区间配置不仅受本区内的税负影响，周边地区的税负程度也是重要影响因素，因而，地方政府倾向于降低税率（逐底竞争）与邻近区域争夺流动资本，这使得地方财政收入受损和公共品供给不足。后来研究者在此基础上通过放宽假设条件等方式，将区域之间的经济、治理等属性差异纳入其中，对这一模型进行了不断的发展和完善。周黎安（2007）提出政治晋升锦标赛理论，基于中国现实解释了地方政府开展税收竞争的重要动机，并分析了我国税收竞争的主要特征，构成研究国内财政、税收竞争问题的重要理论基础。刘蓉和颜小玲（2005）系统分析了我国政府间税收竞争的形成条件，认为中国税收竞争是在我国分权体制的结果，其税权划分的特殊性直接影响着税收竞争的特征。

关于税收竞争存在性的研究方面，沈坤荣和付文林（2006）利用空间滞后模型分析我国横向税收竞争行为，结果表明我国省级政府间存在不同程度的税收竞争，且有着差异化策略的特征。龙小宁等（2014）利用县级面板数据，构建空间自回归模型，证明了县级政府在企业所得税和营业税上存在税收竞争，并且税收竞争的程度因企业和地区的异质性有所差异。杨龙见和尹恒（2014）利用空间计量方法分析了中国县级政府的税收竞争行为，发现相邻县存在显著的策略互补（税收模仿）；异质性政府税率存在差异，贫穷县的实际税率要高于富裕县。刘清杰等（2019）等利用际数据构建动态空间杜宾模型，同样验证了相邻地区的税收竞争的存在性，同时发现，与地理权重下税负的空间反应系数相比，经济权重下系数更加显著，这说明国内地区的税收竞争不仅局限于地理上的邻近区域，同时存在于非地理相邻但是经济情况相近的区域之间。

地区间税收竞争对宏观经济和微观经济行为产生着重要影响，关于税收竞争的宏观效应，有着比较丰富的研究。其中，税收竞争与经济增长的关系引起了研究者的广泛关注：地方政府税收竞争的动机之一在于促进地区的经济增长，但事实上其对于经济增长的效果是不确定的，目前学术研究尚未达成一致结论。李涛等（2011）的研究表明增值税、企业所得税间的竞争有着显著为正的经济增长效应；谢欣和李建军（2011）研究得出相似结果，除此之外发现个人所得税、行为税等的竞争对经济增长有抑制效果。一些研究采用门槛回归等方式发现税收竞争对经济的影响呈现非线性。如刘清杰和任德孝（2017）研究认为，税收“洼地”会使市场竞争的秩序受到干扰，也会损害资源配置的效率，所以只有在欠发达地区或发展前期，这种“逐底竞争”降低实际税率对经济增长的作用才是正向的，但在经济发达区域或当经济发展至一定程度时，税收竞争将阻碍经济增长。路春城和武嘉盟（2019）的研究结论则不同，其研究虽然也表明税收竞争与经济增长之间存在门槛效应，但是在地区经济实力更好的情况下，税收竞争促进经济增长的效果更明显。一些研究探讨了地区税收竞争和资源配置、资本流动等的关系。关爱萍等（2017）研究发现，地区间税收竞争可以有效促进产业转移与资本流动。钟军委和万道侠（2018）认为，不同于传统税收竞争理论，国内的横向税收竞争对地区资本配置效率的作用是积极的。此外，李子豪和毛军（2018）的研究表明政府税收竞争将直接对本地绿色发展产生负面影响，邻近地区的税收竞争将通过“逐底竞争”的负向激励抑制本地绿色发展。最近，冯曦明和张仁杰（2021）研究发现税收竞争与地方政府债务风险之间不仅存在一个先缓解后加剧的“U”型曲线关系，还具有显著的空间效应，其直接效应与溢出效应均表现为加剧作用；中东部地区直接效应与溢出效应均加剧了地方政府债务风险，而西部地区与之相反；在税收竞争、税收努力以及预算软约束的作用下，税收竞争对地方政府债务风险的影响具有“阶梯式”下降非线性特征。

国内关于税收竞争的微观效应研究相对较为缺乏，少量文献探究了税收竞争对企业利润、异地并购以及税收规避等影响。唐飞鹏（2017）探究了地区间税收竞争对于企业利润的影响，研究表明税收竞争对企业利润的影响存在以辖区治理水平为界的门槛效应：当辖区治理水平较低时，两者间是显著正相关的，税收竞争将保护区内企业的利润，反之，辖区有较高治理水平时，对企业利润有挤出效应。王凤荣和苗妙（2015）实证检验了税收竞争对公司异地并购的影响，研究显示两者的关系显著为正，同时发现这种正向关系需要视区域环境而定。于明涛和潘爱玲（2018）研究得出类似的结论，此外还发现税收竞争程度的差异化对企业跨区并购效率有促进作用，企业自身的税务决策能力也会造成影响。蒲龙和杨高举（2020）研究发现税收竞争显著促进企业过度投资，而且税收竞争对非国有企业的过度投资行为影响更大。彭馨和蒋为（2021）检验了企业所得税及增值税税收竞争对企业出口产品质量的影响及其作用机制，发现税收竞争通过效率提升机制影响地区出口产品质量，由于成本节约和市场竞争，税收竞争通过企业全要素生产率、研发投入度量的效率提升渠道，促进了企业出口产品质量提高；此外，相比内资企业、内陆企业及低效率企业，税收竞争对外资企业、沿海企业及高效率企业的促进作用更显著。

总体而言，对于地区间税收竞争的研究，其理论基础最早可以溯源至蒂布特（Tiebout）假说，经由标准税收竞争模型（Z-M 模型）的严谨化，在后续学者们不断放宽其假设条件的研究过程中不断丰富。当前，已有大量文献通过空间计量模型，并基于省级、县级数据不同层级的数据，验证了地区间税收竞争的存在性。并且随着对税收竞争研究的深入，对所产生的后果及效应的研究逐渐受到重视，但是大多数落脚于对宏观经济尤其是经济增长的影响上，而对税收竞争产生的微观经济后果的研究则较为稀缺。对于企业避税行为影响因素的研究，已有文献分别从公司特征、代理人行为以及经营状况等内部因素，税收制度、制度环境等企业面对的外部因素进行过深入讨论。较少从地区间税收竞争的角度研究企业避税的影响因素。但是理论上，出于吸引资本等税基向辖区流入，促进地区经济发展的需求，地方政府将通过降低辖区内税收监管力度等方式与其他地区开展税收竞争，这会增加企业税收激进的边际收益，导致辖区内企业避税程度上升。本章则对地区间税收竞争的企业避税效应进行专门分析，以丰富制度环境对企业税收遵从影响的文献。

三、制度背景与理论分析

（一）制度背景

地区间税收竞争指的是地方政府为了促进辖区经济增长或增加财政收入，其通过降低辖区税负的方式，形成相对其他地区较低的实际税率，吸引流动性的资本、劳动等生产要素向辖区内流动的行为。在标准的税收竞争理论下，资本追求利润最大化的特征会使其流向税率较低的辖区，从而导致地方政府开展竞相降低本地区税率的“竞次”竞争（Oates，1972；Wilson，1986）。然而，基于我国独特的财政体制，传统的税收竞争理论并不能完全概括在中国特定制度环境下税收竞争的生成机制。我国地区间税收竞争产生的基础主要在于财政分权体制和地方官员晋升这两项制度。

1. 分税制财政体制

1994 年的分税制改革划分了中央与地方的收入关系，并设置了国地税两套税收征管系统，使地方政府拥有了相对于中央较为独立的经济和财政利益体。首先，分税制使地方政府具备税收竞争的能力。根据税收竞争理论，横向税收竞争主要基于对流动性税基或资本要素的争夺（Wilson，1986），分税制赋予地方相应的财权和事权后，各地区拥有了对地方事务更自主的管理能力和相对独立的资源配置能力（周克清和郭丽，2003），具备了开展竞争的能力和政策工具。

其次，财政分权使地方政府产生税收竞争的动机。从财政收入看，财政收入对地方政府有着维护市场、促进经济增长的激励作用，使其倾向于采取维护和支持市场发展的措施（Qian and Weingast，1997），从而使地方政府具有调整辖区税负以吸引投资，或形成更好营商环境的动机（郭杰和李涛，2009），进而形成地区间税收竞争。从财政支出的角度看，由于财权与事权的不匹配，“事权下放”使地方政府有着较大的财政支出责任且面临预算收入约束，因此，地方政府同时存在增加税负来为财政支出需要融资的动机，和放弃部分现有税收利益，通过低税策略吸引资本流入以增加税基的动机。

贾俊雪和应世为（2016）的研究表明，当地方拥有较大程度的税收征管权等以致影响辖区企业税负时，地方政府更倾向于采取低税策略争取投资、吸引资本等流动性税基，从而造成地区间税收竞争。

根据传统税收竞争理论，基于吸引流动性生产要素的横向税收竞争会使地方政府开展“逐底竞争”的税率政策，导致最终的实际税率远低于最优税率，从而影响公共品供给效率（Wilson，1986）。然而，由于现行分税制并没有赋予地方政府独立的税权，地方政府不具备设置税种或调整税率的权限，因而无法像传统税收竞争理论一样开展税率的“竞次”竞争，其税收竞争形式与联邦制国家存在着差异。区域行业税收优惠的存在，实际上使地区间存在税率差异，地方政府可以通过对地区税收优惠适用执行中的灵活调节、对税收征管程度的操控等方式调节地区的实际税率（郭杰和李涛，2009），因而这使得在中国特色分税制下，各地区的实际税率在事实上具有异质性和灵活性，从而使地区间税收竞争成为可能。

2. 政绩考核和执政为民

区别于联邦制国家，政治和行政上的中央集中统一领导是中国独具特色的治理模式。中央政府主要依据地区经济增长、投资等指标来考核地方官员，地方官员在考核评价中的相对位次在很大程度上影响着地方官员的晋升，即晋升“锦标赛”（Lazear and Rosen，1981；周黎安，2004）。这样的政绩考核和晋升机制，在一定程度上解释了中国地区发展经济的强烈动机和良好的经济绩效，该机制对地方政府官员产生非常有效的政治激励，地方政府官员为了在任期内政绩考核中有更好的表现或更靠前的“名次”，其有强烈的动机开展吸引资本等生产要素的竞争。

除了自上而下的政绩考核的晋升激励外，地方政府承担着促进地区经济社会、为辖区居民提供公共服务的政治责任。执政党全心全意为人民服务的宗旨，执政为民的价值理念，以及中国传统政治中“为官一任、造福一方”的为政之德和政绩观，“修齐治平”的伦理哲学和政治思想，对地方政府官员的行为也产生着深刻的影响。地方官员执政为民的责任和道德要求，辖区居民的评价和口碑，形成的声誉压力，也促使地方政府官员在发展经济、改善民生福祉上有所作为。

由于投资是实现地区经济在短期内的快速增长最有效的途径，从某种程度上讲，投资增长的实现甚至成为地区经济与财政收入增长速度提升的先决条件之一（吴俊培和王宝顺，2012）。由于任期的约束，在促进经济的各项方式中，吸引投资这种能带来短期经济效应的方式成为地方政府更为青睐的措施之一。为了避免较高税负对投资流入和经济增长的负面影响（叶素云和叶振宇，2012），地方政府通过税收优惠、放松税收征管力度、税收返还等方式调节辖区内税负，降低辖区内对资本或企业的实际税率，提升投资者的边际收益。税收竞争成为地区吸引资本等流动性生产要素，实现辖区内经济增长的有效工具。

因此，以经济增长为主要指标的地方官员绩效考核机制，执政为民、有所作为的政治责任和道德要求，使地方政府官员有很强的开展税收竞争、吸引资本、促进经济发展的动机。财政分权下，地方政府具有独立的财政利益和财政自主性，使地方政府具有开展税收竞争的能力和政策工具，从而形成地区间激烈的税收竞争。

（二）税收竞争与企业避税：机制分析

根据前述分析，在中国政治和文化环境下，政绩考核的晋升机制、执政为民有所作为的政治道德要求，财政分权下地方政府具有的财政自主性，生长出地方政府开展税收竞争的动机和能力。为了吸引资本等流动性税基，地方政府采取的相应策略将在事实上影响地区内企业的实际税率，进而对辖区内企业的税收负担造成影响，影响企业的税务规避的动机和决策。

作为单一制国家，集中统一是税制的重要特征。各项税种的立法权、解释权和修订权归属于中央政府，地方政府并不具有完备的制定税种、调整税率的权力①，因而无法像传统税收竞争理论所述，或联邦制国家那样，开展

① 关于地方政府的税率调整权，对于部分小税种，地方政府可以在中央制定的税收法律法规所设定税率范围内调整，比如环境保护税，税法规定的税额标准为大气污染物每污染当量税额为1.2—12元，水污染物每污染当量税额为1.4—14元。省、自治区、直辖市人民政府统筹可以根据本地区环境承载能力、污染物排放现状和经济社会生态发展目标要求，在环境保护税法所规定的税额幅度内提出本地区的税额征收标准，报同级人民代表大会常务委员会决定，同时报全国人民代表大会常务委员会和国务院备案。

充分的税率和税种的竞争（李涛等，2011）。我国地方政府开展税收竞争的方式主要有两种：一是通过向中央争取一定的区域或产业性税收优惠，降低辖区内相关企业的实际税率；二是利用税收征管权，放松对辖区内企业税收征管的力度，这既包括狭义的放松税收审计和税收稽查力度（范子英和田彬彬，2013），也包括利用一定的裁量权对部分税收优惠政策的适用范畴进行调节等方式（郭杰和李涛，2009）。由于法定区域性或产业性税收优惠政策制定权在中央，中央制定区域性和产业性税收优惠政策更多是立足于国家战略和发展的综合考量，地方政府在争取有利于己的区域性或产业性税收优惠政策具有很大的难度和不确定性。因此，争取地区税收政策倾斜方式难以满足地方政府间税收竞争的需求，而利用地方在税收征管上的影响力和自主性，通过放松对辖区经济主体税收征管的方式，对地方政府更具吸引力。因为该方式不仅对地方政府而言有更大的自主性，而且在形式上比较隐蔽，难以被上级政府监督（许敬轩等，2019），同时还有利于营造“友好”的经营环境和“开明”的地方形象，从而有助于吸引更多企业到当地投资。因此，控制辖区内的税收征管力度成为我国地方政府在不具备完整税权的情况下，进行地区间税收竞争的主要形式（郭杰和李涛，2009；范子英和田彬彬，2013；许敬轩等，2019）。

对企业而言，出于降低经营成本、增加现金流、增加净利润的需要，企业管理决策者具有规避税收负担的内在动机，但是在做出避税行为时同样面临被征管部门稽查处罚的风险，企业是否选择逃避税及逃避多少税收，理性的企业决策者会根据不同逃避税行为选择的预期净收益进行决策。在地区间税收竞争下，地方政府为了吸引企业的流动性税基，在税收征管中可能会放松税收执法力度，从而降低企业税收激进而被查处的概率，降低企业逃避税的风险和边际成本，增加其税收激进的边际收益，诱发更多的企业避税（范子英和田彬彬，2013），导致企业税收规避程度的提升。基于上述理论分析，提出地区间税收竞争与企业避税的如下假说：

假说1：地区间的税收竞争提升了企业的避税程度。

假说2：地区间税收竞争通过放松地区内税收征管力度影响企业避税。

四、研究设计

（一）模型设定

为了探究地区间税收竞争对于企业避税行为的影响，这里构建如下实证模型：

$$
\begin{aligned}
ETR_{it} = {} & \alpha_0 + \alpha_1 Taxcm_{ct} + \alpha_2 Leverage_{it} + \alpha_3 Roe_{it} + \alpha_4 Q_{it} + \alpha_5 Size_{it} \\
& + \alpha_6 shrcr1_{it} + \alpha_7 inventr_{it} + \sum ind + \sum Year + \varepsilon_{ict}
\end{aligned}
\tag{6-1}
$$

其中，下标 i、t、c 分别表示企业、年度及 31 个省级地区。ETR_{it} 为 i 企业在 t 年度的实际所得税税率，用以衡量企业避税程度；$Taxcm_{ct}$ 为 c 省在 t 年度的税收竞争程度；$Leverage_{i,t}$、$Roe_{i,t}$、$Q_{i,t}$、$Size_{i,t}$、$shrcr1_{i,t}$、$inventr_{i,t}$ 分别表示资产负债率、净资产收益率、托宾 Q 值、企业规模、第一大股东持股比例和存货占比，为研究所涉及的控制变量，Ind 和 $Year$ 为行业固定效应和年度固定效应。α_1 为税收竞争（$Taxcm$）对企业避税（ETR）的回归系数，ε_{ict} 为随机扰动项。

（二）数据来源及变量说明

本章所用数据包括 A 股上市公司数据和省际宏观数据，其中前者主要来自于国泰安数据库，省际宏观数据来源于国泰安数据库及国家统计局。根据研究需要，剔除了以下样本：①金融业、ST 企业样本；②税前利润或所得税费用小于 0 的样本；③实际税率小于 0 的样本；④数据缺失的样本。最终得到 2010—2019 年共 20629 个有效企业年度样本。同时，为避免极端值影响，本章对所用连续变量进行了 1% 的缩尾处理。

1. 被解释变量：企业避税

现有文献对企业避税程度的衡量主要采用两种指标，一是实际所得税税率（ETR），二是会计—税收差异（BTD）。其一，实际所得税税率（ETR）

为所得税费用与息税前利润之比。这一变量与企业避税程度的方向相反，即该指标（*ETR*）越低，企业避税程度越高，反之则表示企业具有较低的避税程度。参考吴联生（2009）的计算方式，从所得税费用中剔除了暂时性差异，将企业通过延期纳税的避税方式纳入其中。这一指标的缺点在于当税收政策等变动导致税率不稳定时，会造成较大误差（王永培和晏维龙，2014），使得其在公司间横向不可比。具体而言，实际所得税税率（*ETR*）=（所得税费用－递延所得税费用）/息税前利润。其二，会计—税收差异（*BTD*），该方法假设企业会计报告的收入具有真实性，在税收申报中则可能低报收入，会税差异同时包括财务报告和税务核算的差异、企业的税收逃避，该指标可以体现企业利用会计准则与税法的差异规避税负成本，该指标与企业避税的关系的方向相同，其值越高表示企业具有更高的避税程度，反之表示企业避税程度较低。该指标在数据处理上更为精确，但是较难排除企业操纵盈余管理的影响（刘行和叶康涛，2013）。会计—税收差异（*BTD*）=（利润总额－应纳税所得额）/总资产，企业应纳税所得额为当前所得税费用除以企业适用的所得税税率。由于在本章所取的时间跨度下，并没有出现税收政策的重大变化，故采取实际所得税税率（*ETR*）作为主回归中的被解释变量衡量企业避税，同时为了验证结果的稳健性，以会计税收差异（*BTD*）用作稳健性检验中衡量企业避税的替代指标。

2. 解释变量：地区间税收竞争

在过往研究中，对于税收竞争程度的度量主要有两种：一是以当地的税收负担作为税收竞争的替代变量，通常为当地一般预算内收入或税收收入与GDP的比值（郭杰和李涛，2009）；二是通过地区的实际税率来衡量当地税收的竞争程度，例如唐飞鹏（2017）在研究地区税收竞争对工业企业利润的影响时，以增值税、企业所得税等四种主要税种与地区第二、第三产业增加值的比值，作为地区实际税率，衡量地区税收竞争程度。根据标准税收竞争理论，地区间的税收竞争具有“逐底竞争”的特点，因此，上述两种指标与税收竞争程度都是反向的，指标值越大意味着税收竞争越激烈，反之亦然。

参考唐飞鹏（2017）的做法，以当地增值税、企业所得税、营业税、城市维护建设税与当地第二、第三产业增加值的比值衡量当地实际税率，作为地区间税收竞争程度的替代变量。其中的主要原因在于：其一，地区间税收竞争的主要对象是企业的流动性资本（王凤荣和苗妙，2015）。本章探讨地区间税收竞争与企业间关系，考虑企业负担的主要税种，且本章所取数据年限为2010—2019年，时间跨度较长，故将营业税也纳入指标之中。而以地区税收负担衡量税收竞争的指标中，其分子包括了企业主要负担税种之外的其他税种或其他财政收入，对企业税负的反应不够准确；其二，以地区税收负担衡量税收竞争的指标中，其分母GDP中所包含的因素过于广泛，包括了与辖区内企业税基无关的增加值，而以第二、第三产业增加值替代GDP记入税收竞争指标，准确性更好。因此，在本章的范畴内使用第二种指标做税收竞争变量更为准确。具体计算方法如下：

税收竞争（*Taxcm*）=（地区企业所得税收入+增值税收入+营业税收入+城建税收入）/（地区第二产业增加值+地区第三产业增加值）。

3. 控制变量

企业避税行为会受到多种因素的影响，为了控制其他因素的干扰，参考吴联生（2009）、邓博夫（2019）等人的研究，本章将企业的杠杆率、盈利能力、企业价值、企业规模以及存货占比等指标作为控制变量纳入模型中。①资产负债率（*Leverage*）。该变量以期末总负债与总资产比值表示，反映了企业的杠杆水平即举债经营的能力。由于利息可以在税前抵扣，具有税盾效应，因此一般而言，财务杠杆水平高的公司，往往实际税率更低，具有更高的避税程度（吴联生，2009）。②净资产收益率（*Roe*）。该变量以期末净利润与净资产比值计算，用以衡量企业盈利能力。一般来讲，盈利能力优越的企业所获利润会更高，因而具有进行避税的能力和动机。③托宾*Q*值（*Q*）。该变量为公司IPO当年年末市值和账面价值的比值。托宾*Q*值是衡量企业价值的变量。④存货占比（*inventr*）。该变量为年末存货与年末资产的比值。由于存货占比高往往代表资本密度较低，因此，该项指标一般与企业避税程度负相关。⑤第一大股东持股比例（*shrcr1*）。该指标表示企业股权集中程度，一般认为，股权集中会使大股东更关注代理人行为，可能使企业避税程度减少。⑥企业规模（*Size*）。该变量选取企业期末总资产的对数形式表示。

一方面，规模更大的企业有着更多元的经营活动，避税的可能性和空间更多。但另一方面，监管部门也会更倾向于关注大规模公司，因此其避税行为会受到一定限制（Zimmerman，1983）。除此之外，考虑到行业和所处年度的影响，本章控制了行业（*Ind*）和年度效应（*Year*）。本章所涉及的变量及其计算方式如表 6 -1 所示。

表 6 -1　　相关变量定义表

	变量	符号	定义（计算方式）
被解释变量	有效税率	*ETR*	（所得税费用 - 递延所得税费用）/息税前利润
解释变量	税收竞争程度	*Taxcm*	（地区企业所得税 + 增值税 + 营业税 + 城建税）/地区第二、第三产业增加值
控制变量	资产负债率	*Leverage*	负债总额/资产总额
	净资产收益率	*Roe*	净利润/股东权益平均余额
	托宾 *Q*	*Q*	企业市值/资产
	第一大股东持股比例	*shrcr*1	第一大股东持股比例
	存货占比	*inventr*	存货/期末资产
	企业规模	*Size*	企业期末资产总额，取对数处理
	行业固定效应	*Ind*	0—1 变量，属于某行业时为 1，否则为 0
	年度固定效应	*Year*	0—1 变量，属于某年时为 1，否则为 0

五、实证结果与分析

（一）描述性统计

本章选取 2010—2019 年上市公司数据作为研究样本，其中对地区间税收竞争、宏观控制变量和企业规模等变量进行了对数处理。本章对主要变量进行了描述性统计，结果如表 6 -2 所示。可以看出，企业避税程度（*ETR*）的均值为 0. 187，标准差为 0. 128，表明不同企业间有效税率存在差异，即样本企业间的避税程度有一定差别。地区间税收竞争（*Taxcm*）的标准差为

0.026，表明地区之间税收竞争程度差异较大。

关于控制变量，样本企业的资产负债率（*Leverage*）、托宾 *Q* 值（*Q*）、第一大股东持股（*shrcr*1）、存货占比（*inventr*）和企业规模（*Size*）等的标准差和极值间的差异都体现了样本企业在债务杠杆水平、经营水平、企业价值、资产结构和规模上的客观差距。综上所述，主要描述性统计结果较为合理，符合理论分析和现状，且和过往研究中的表述较为相似。

表 6-2　　描述性统计表

VarName	Obs	Mean	SD	Min	Median	Max
ETR	20629	0.187	0.128	0.002	0.164	0.846
Taxcm	20629	0.070	0.026	0.034	0.064	0.133
Leverage	20629	0.429	0.212	0.052	0.419	0.925
Roe	20629	0.097	0.073	-0.036	0.084	0.377
Q	20629	1.992	1.217	0.876	1.587	7.895
Size	20629	22.318	1.519	15.715	22.063	31.036
*shrcr*1	20629	0.354	0.150	0.087	0.335	0.750
inventr	20629	0.148	0.144	0.000	0.113	0.731

（二）相关性分析

本章对涉及变量进行了 Pearson 和 Spearman 相关性检验，相关性分析结果如表 6-3 所示，其中左下和右上部分分别为 Pearson、Spearman 相关性检验。表中显示，解释变量（*Taxcm*）与被解释变量（*ETR*）呈现出显著正向相关关系，初步验证了研究假设。

表 6-3　　相关系数矩阵

	ETR	*Taxcm*	*Leverage*	*Roe*	*Q*	*Size*	*shrcr*1	*inventr*
ETR	1	0.041***	0.009	-0.043***	-0.070***	0.048***	0.051***	0.047***
Taxcm	0.035***	1	-0.011	-0.025***	0.008	0.084***	0.041***	-0.051***
Leverage	0.030***	0.020***	1	0.008	-0.424***	0.570***	0.058***	0.193***

续表

	ETR	*Taxcm*	*Leverage*	*Roe*	*Q*	*Size*	*shrcr*1	*inventr*
Roe	-0.128***	-0.047***	0.042***	1	0.146***	0.129***	0.112***	-0.034***
Q	-0.016**	0.038***	-0.316***	0.167***	1	-0.553***	-0.120***	-0.023***
Size	0.022***	0.091***	0.572***	0.131***	-0.416***	1	0.140***	-0.009
*shrcr*1	0.021***	0.042***	0.062***	0.114***	-0.100***	0.164***	1	0.056***
inventr	0.118***	-0.011	0.289***	0.009	-0.093***	0.099***	0.074***	1

（三）地区间税收竞争对企业避税的影响

本节分析地区间税收竞争对企业避税的影响，回归结果如表6-4所示。表中列（1）为没有加入控制变量的回归结果，列（2）引入控制变量后的回归结果，结果显示，地区间税收竞争（*Taxcm*）对企业避税（*ETR*）的回归系数在1%的水平上显著为正，这表示地区税收竞争越激烈、实际税率越低，企业实际所得税率越低，即地区间的税收竞争加剧了企业的税收规避程度，初步验证了假设1。简言之，地区间开展的税收竞争造成了企业税收规避程度的提升。

关于研究的控制变量，资产负债率（*Leverage*）与企业避税（*ETR*）在1%水平上显著负相关，说明由于税盾效应的存在，杠杆率或举债经营规模更高的企业避税程度更高；净资产收益率（*Roe*）与企业避税（*ETR*）在1%水平上显著负相关，说明盈利能力更强的企业更有条件和动机规避税负；托宾*Q*值（*Q*）与企业避税（*ETR*）在1%的水平上正相关，表明价值高的企业倾向于采取更保守的避税策略；第一大股东持股（*shrcr*1）与企业避税（*ETR*）在1%的水平上正相关，说明股权集中度越高的企业避税的概率更低；存货占比（*inventr*）与企业避税（*ETR*）正相关，说明由于固定资产等资本加速折旧等方式增加企业的税前扣除，降低企业税负，存货比重越低的企业避税程度越高。

表 6－4　　　　税收竞争对企业避税的回归结果

	(1) *ETR*	(2) *ETR*	(3) *ETR*
Taxcm	0.0086 *** (5.0021)	0.0090 *** (4.8875)	0.0081 *** (4.3540)
Leverage		0.0003 (0.0747)	−0.0125 ** (−2.3363)
Roe		−0.2247 *** (−18.7110)	−0.2501 *** (−19.7512)
inventr		0.1039 *** (16.2862)	0.1054 *** (16.4631)
Q			0.0034 *** (3.8305)
Size			0.0067 *** (5.5991)
*shrcr*1			0.0180 *** (2.9904)
_cons	0.1798 *** (105.3253)	0.1879 *** (43.6988)	0.0363 (1.4230)
行业固定效应	是	是	是
年份固定效应	是	是	是
样本数量	20629	20629	20629
R^2	0.0012	0.0354	0.0375

注：*、** 和 *** 分别表示 1%、5% 和 10% 的显著性水平。

（四）税收竞争、税收努力与企业避税

在明确了税收竞争和企业税收规避行为的关系之后，根据前述理论分析，本章进一步验证两者间的作用机制，即地区间税收竞争对于企业避税程度的影响，是否是通过放松地区内的税收征管强度来达成的。

对于税收征管强度或税收努力的衡量，已有文献通常有两种做法：一是采用一些税收执法相关的客观指标作为替代变量，例如上市公司受到的税收

处罚次数、税务部门人数和税务稽查的查实次数（周黎安和刘冲，2012）等；二是采用税收努力指标来体现地区税务部门的税收征管强度（陈德球等，2016）。考虑到衡量指标的准确性及数据的可获得性，这里选择第二种方法，即用“税收努力（*Teffort*）”变量衡量税收征管强度。税收努力又称征税努力，一个地区的税收努力程度表现为该地区的潜在税收能力与实际税收能力的偏差程度，通过估计地区潜在税收能力，以实际征得收入与估计的潜在税收能力之比来衡量地区政府的征税努力，或者以实际税负（*Tax*）与潜在税负（Tax^*）的比值表示。借鉴储德银等（2020）的研究，本章采取“税柄法”计算地区的潜在税收比率：将影响地区税收收入能力的经济因素作为解释变量，构建回归模型获得地区税负的估计值，以此估计值作为潜在税收负担，将其与辖区实际税收负担比较，获得各个地区的税收努力指数（*Teffort*）。具体的回归模型如式6－2，式中相关变量定义及计算方式如表6－5所示。

$$Tax^* = \beta_0 + \beta_1 GDP + \beta_2 Ind2 + \beta_3 Open + \beta_4 Density + \beta_5 urban + \delta \quad (6-2)$$

表6－5　　变量定义表

	变量定义	计算方式
Tax^*	潜在税收收入	地区税收收入/*GDP*
GDP	人均 *GDP*	地区 *GDP*/地区人口数，取对数
Ind2	第二产业增加值（%）	地区第二产业增加值/*GDP*
Ind3	第三产业增加值（%）	地区第三产业增加值/*GDP*
Open	对外开放程度	地区进出口总额／该地区 *GDP*
Density	人口密度	常住人口数/地区土地面积，取对数
Urban	城镇化率	城镇人口数／地区总人口数

为了检验税收竞争是否通过影响地方政府的征税努力影响企业避税，参考温忠麟等（2004）的方式，采取三步法中介效应模型进行检验。具体的模型设定如下：

$$ETR_{it} = \alpha_0 + \alpha_1 Taxcm_{ct} + \alpha_2 Leverage_{it} + \alpha_3 Roe_{it} + \alpha_4 Q_{it} + \alpha_5 Size_{it} + \alpha_6 shrcr1_{it} + \alpha_7 inventr_{it} + \sum ind + \sum year + \varepsilon_{ict} \quad (6-1)$$

$$Teffort_{ct} = \beta_0 + \beta_1 Taxcm_{ct} + \beta_2 Leverage_{it} + \beta_3 Roe_{it} + \beta_4 Q_{it} + \beta_5 Size_{it} + \beta_6 shrcr1_{it} + \beta_7 inventr_{it} + \sum ind + \sum year + \varepsilon_{ict} \quad (6-3)$$

$$ETR_{it} = \lambda_0 + \lambda_1 Taxcm_{ct} + \lambda_2 Teffort_{ct} + \lambda_3 Leverage_{it} + \lambda_4 Roe_{it} + \lambda_5 Q_{it} + \lambda_6 Size_{it} + \lambda_7 shrcr1_{it} + \lambda_8 inventr_{it} + \sum Ind + \sum Year + \varepsilon_{ict} \quad (6-4)$$

在上述模型中式6-1同前文的基准模型，$ETR_{i,t}$为企业所得税实际税率，衡量企业避税程度；$Taxcm_{c,t}$为地区税收竞争指标；$Teffort_{c,t}$为地区的税收努力变量，用以衡量地区税收征管力度。$Leverage_{i,t}$、$Roe_{i,t}$、$Q_{i,t}$、$Size_{i,t}$、$shrcr1_{i,t}$、$inventr_{i,t}$为模型控制变量。α_0 为模型 6-1 中税收竞争（*Taxcm*）对企业避税（*ETR*）的检验系数，β_1 为模型 6-3 中税收竞争（*Taxcm*）对税收努力（*Teffort*）的回归系数，λ_1 和 λ_2 分别为模型 6-4 中税收竞争（*Taxcm*）、税收努力（*Teffort*）对企业避税（*ETR*）的回归系数。根据中介效应检验原理和本章的理论分析，当 β_1 和 λ_2 的回归系数都显著为正，λ_1 在式 6-4 中的估计系数低于式 6-1 时，可以验证假设 2，即地区间税收竞争通过降低地区征管力度这一中介路径，引起企业避税程度的提高。

表6-6报告了中介效应的回归结果，其中在第1列回归结果中，税收竞争程度（*Taxcm*）对企业避税（*ETR*）的回归系数在1%的水平上显著为正，表明地区间税收竞争程度的增加将导致企业避税程度的增加，满足中介效应的基本前提。其次，在第2列回归中，税收竞争程度（*Taxcm*）对税收征管力度（*Teffort*）的回归系数在1%的水平上显著为正，说明地区间税收竞争使得地区税收征管力度有所降低。最后，从第3列的回归结果可以看出，税收竞争程度（*Taxcm*）和税收征管力度（*Teffort*）对企业避税（*ETR*）的回归系数分别在1%和5%的水平上显著为正，且税收竞争程度（*Taxcm*）的估计系数较第1列有所下降。由此可以得出，地区间税收竞争所造成的地区税收征管水平的降低，从而进一步导致了企业避税程度的增加，即地区间税收竞争对于企业避税程度的影响，是由地方政府放松地区内税收征管的力度引起的，验证了假说2。

表 6-6　税收竞争对企业避税影响机制的中介效应

	(1) *ETR*	(2) *Teffort*	(3) *ETR*
Taxcm	0.008 *** (4.354)	0.163 *** (61.796)	0.006 *** (2.893)
Teffort			0.011 ** (2.449)
Leverage	-0.013 ** (-2.336)	0.022 *** (2.657)	-0.013 ** (-2.397)
Roe	-0.250 *** (-19.751)	-0.055 *** (-2.846)	-0.249 *** (-19.662)
Q	0.003 *** (3.830)	0.007 *** (5.534)	0.003 *** (3.685)
Size	0.007 *** (5.599)	0.017 *** (9.796)	0.006 *** (5.436)
shrcr1	0.018 *** (2.990)	0.041 *** (4.441)	0.017 *** (2.898)
inventr	0.105 *** (16.463)	-0.052 *** (-5.296)	0.106 *** (16.535)
_cons	0.036 (1.423)	0.408 *** (10.775)	0.031 (1.219)
行业固定效应	是	是	是
年份固定效应	是	是	是
样本数量	20629	20629	20629
R^2	0.037	0.175	0.038

注：*、** 和 *** 分别表示 1%、5% 和 10% 的显著性水平。以下各表同。

（五）稳健性检验

1. 增加宏观控制变量

企业的税务决策不仅取决于企业自身的经营状况、内部特征等，也会受所处区域的宏观经济状况的影响。人均 GDP 包含了辖区的经济实力和税源水平，该指标更高往往表示地区更具备开展竞争的能力和资本（李文，2013），而税收竞争与地区经济发展水平又具有直接相关性，那么本书所显示的税收竞争对企业避税的影响，是否是经济发展水平造成的而非税收竞争引起的。为排除这一担忧，在模型中进一步纳入人均 *GDP* 这一代表性的宏观控制变量（*AGDP*）进行稳健性检验，回归结果如表 6－7 所示。

可以看出，在引入了人均 GDP 变量后，在第 1 列估计结果中，税收竞争程度（*Taxcm*）对企业避税（*ETR*）的回归系数在 1% 的水平上显著为正，即地区间税收竞争增加了企业避税程度，符合假设 1 依然成立。进一步，在中介效应检验中，我们也将人均 *GDP* 变量纳入控制变量。在第 2 列中，税收竞争程度（*Taxcm*）对税收征管力度（*Teffort*）的回归系数在 1% 的水平上显著为正，即地区间税收竞争越激烈，地区的税收监管力度趋于放松。在第 3 列，税收竞争程度（*Taxcm*）和税收征管力度（*Teffort*）对企业避税（*ETR*）的回归系数均在 1% 的水平上显著为正，根据中介效应的检验原理，可以得出地区间税收竞争通过使地方政府放松地区税收征管引起企业避税程度增加。

表 6－7　　　　加入宏观控制变量的回归结果

	(1) *ETR*	(2) *Teffort*	(3) *ETR*
Taxcm	0.008 *** (4.090)	0.147 *** (51.907)	0.006 *** (2.797)
Teffort			0.014 *** (3.091)
AGDP	0.003 (1.516)	0.051 *** (16.064)	0.002 (1.163)
Leverage	−0.008 (−1.438)	0.037 *** (4.550)	−0.008 (−1.535)
Q	−0.000 (−0.604)	0.007 *** (5.737)	−0.001 (−0.727)
Size	0.001 (1.142)	0.014 *** (8.136)	0.001 (0.966)
shrcr1	0.008 (1.410)	0.044 *** (4.810)	0.008 (1.306)

续表

	(1) *ETR*	(2) *Teffort*	(3) *ETR*
inventr	0.106 *** (16.456)	-0.054 *** (-5.557)	0.107 *** (16.567)
_cons	0.131 *** (5.364)	0.385 *** (10.358)	0.126 *** (5.129)
行业固定效应	是	是	是
年份固定效应	是	是	是
样本数量	20629	20629	20629
R^2	0.015	0.185	0.016

2. 更换被解释变量

为避免采用实际所得税税率（*ETR*）指标刻画企业避税可能出现的偏差，参考陈德球等（2016）、刘行和叶康涛（2013）的做法，这里选择会税差异（*BTD*）作为衡量避税的被解释变量，该指标体现的是企业所适用的会计制度与税法的差异程度，*Btd* 值越大意味着企业避税程度越高。回归结果如表6-8所示。可以看出，在第1列回归中，税收竞争程度（*Taxcm*）与 *BTD* 在1%的水平上显著负相关，这说明税收竞争促进了企业避税，符合假设1。在第3列中，税收竞争（*Taxcm*）和税收征管力度（*Teffort*）对 *BTD* 的回归系数均在1%的水平上显著为负，且税收竞争（*Taxcm*）变量估计系数绝对值较第1列有所下降，说明税收征管力度在税收竞争对企业避税影响中起到了中介效应，同样验证了假设2。

表6-8　　　　更换被解释变量的回归结果

	(1) *BTD*	(2) *Teffort*	(3) *BTD*
Taxcm	-0.002 *** (-4.917)	0.146 *** (51.383)	-0.001 *** (-3.251)
Teffort			-0.003 *** (-4.095)
AGDP	0.003 *** (7.724)	0.052 *** (16.167)	0.003 *** (8.137)

续表

	(1) *BTD*	(2) *Teffort*	(3) *BTD*
Leverage	-0.050*** (-50.397)	0.037*** (4.511)	-0.050*** (-50.263)
Roe	0.195*** (84.089)	-0.065*** (-3.376)	0.195*** (84.002)
Q	0.001*** (3.693)	0.008*** (6.412)	0.001*** (3.873)
Size	-0.000** (-2.264)	0.015*** (8.634)	-0.000** (-2.015)
*shrcr*1	-0.005*** (-4.442)	0.047*** (5.152)	-0.005*** (-4.295)
inventr	-0.017*** (-14.761)	-0.054*** (-5.535)	-0.018*** (-14.913)
_cons	0.027*** (5.834)	0.363*** (9.615)	0.028*** (6.097)
行业固定效应	是	是	是
年份固定效应	是	是	是
样本数量	20629	20629	20629
R^2	0.387	0.185	0.388

（六）异质性分析

1. 企业税负的异质性

对税负水平高的企业而言，通过避税所带来的降低成本、改善现金流、避免资金链危机和改善融资约束等效应的边际收益更大（张铭洪等，2018），理论上，高税负企业具有更高的避税动机。对于低税负公司来说，税收激进带来的边际收益不高，相应地，避税动机也会更低。为了探究企业税负异质性对税收竞争和避税两者间关系的影响，本书按 *ETR* 的中位数将样本企业分为高税负组和低税负组，分组回归的结果如表 6-9 所示。

可以看出，在税负较高的企业中，税收竞争（*Taxcm*）对企业避税（*ETR*）的回归系数在1%上显著为正，而在低税负组中回归系数为负，且在统计上并不显著。结果说明，相较于税负低的企业，税收竞争对于税负水平较高企业避税程度的作用更显著。

表6－9　企业税负异质性的回归结果

	(1) 高税负企业 *ETR*	(2) 低税负企业 *ETR*
Taxcm	0.007 *** (2.691)	－0.001 (－0.879)
Leverage	0.077 *** (10.431)	－0.049 *** (－18.053)
Roe	－0.575 *** (－32.465)	0.116 *** (18.375)
Q	0.013 *** (10.530)	－0.004 *** (－8.285)
Size	0.003 * (1.793)	－0.000 (－0.596)
*shrcr*1	0.009 (1.106)	－0.004 (－1.342)
inventr	0.053 *** (6.731)	0.029 *** (7.494)
_cons	0.190 *** (5.279)	0.122 *** (9.693)
行业固定效应	是	是
年份固定效应	是	是
样本数量	10311	10318
R^2	0.115	0.091

2. 企业规模的异质性

由于大企业通常是重要的税源或纳税大户，在税收征管实践中，税务机关会更为关注规模较大的公司，这使规模越大的公司其税收激进行为受到监督和处罚的几率增加，避税活动一定程度上受到限制和约束。吴联生（2009）、罗党论和魏翥（2012）研究显示出企业规模对避税的抑制效果。为了进一步探究税收竞争对企业避税的影响中的企业规模异质性，本节根据样本企业资产规模的三分位数进行分组，将样本中规模位于三分之一分位以下的企业作为中小规模企业，将样本中位于三分之一分位的规模较大企业作为大企业组，进行分组检验。分组回归的结果如表 6 - 10 所示。可以看出，在中小规模企业组中，税收竞争（*Taxcm*）对企业避税（*ETR*）的回归系数在 1% 的水平上显著为正，该回归系数在大规模组中不显著，说明在地区间税收竞争的影响下，中小规模的企业具有更高的避税程度。

表 6 - 10　　企业规模异质性的回归结果

	(1) 中小规模组 *ETR*	(2) 大规模组 *ETR*
Taxcm	0.008 *** (3.716)	0.001 (0.500)
Leverage	-0.023 *** (-3.357)	0.025 *** (2.742)
Roe	-0.380 *** (-23.121)	-0.053 *** (-2.738)
Q	0.005 *** (5.047)	-0.000 (-0.011)
Size	0.005 *** (3.105)	0.015 *** (5.000)
*shrcr*1	0.043 *** (5.400)	-0.001 (-0.113)
inventr	0.035 *** (3.524)	0.151 *** (18.679)
_cons	0.073 * (1.909)	-0.187 *** (-2.752)
行业固定效应	是	是
年份固定效应	是	是
样本数量	13753	6876
R^2	0.041	0.062

3. 地区异质性

地区经济实力、治理水平等的差异会影响政策在辖区的执行效率和结果，进而可能影响辖区内企业的经营活动和决策。沈坤荣和付文林（2006）认为由于税收竞争各方存在着较大的异质属性，经济等各方面更为优越的东部省区与中西部形成差异化的税收竞争策略。为了进一步探究企业所处区域异质性对税收竞争和企业避税间关系的影响，这里将样本按照东部和中西部区域分组，回归结果如表6－11所示。可以看到，在东部地区样本中，税收竞争（*Taxcm*）对企业避税（*ETR*）的影响在1%水平上显著为正，而在中西部地区样本组中，税收竞争（*Taxcm*）的回归系数在统计上不显著。说明横向税收竞争对企业避税的影响在经济发展水平相对更高的东部地区更显著。

表6－11　　区域异质性的回归结果

	(1) 中西部地区 *ETR*	(2) 东部地区 *ETR*
Taxcm	0.004 (1.423)	0.008*** (3.122)
Leverage	−0.026*** (−2.672)	−0.004 (−0.639)
Roe	−0.214*** (−9.436)	−0.275*** (−18.048)
Q	0.005*** (3.229)	0.003** (2.567)
Size	0.005** (2.134)	0.007*** (5.254)
shrcr1	−0.017 (−1.510)	0.034*** (4.799)
inventr	0.075*** (5.865)	0.111*** (14.995)
_cons	0.094** (2.046)	0.020 (0.650)
行业固定效应	是	是
年份固定效应	是	是
样本数量	6178	14451
R^2	0.021	0.048

六、研究结论与建议

以经济增长为主要指标的地方官员绩效考核机制，执政为民、有所作为的政治责任和道德要求，使地方政府官员有很强的开展税收竞争、吸引资本、促进经济发展的动机。财政分权下，地方政府具有独立的财政利益和财政自主性，使地方政府具有开展税收竞争的能力和政策工具，从而形成地区间激烈的税收竞争。尽管我国地方政府的税收立法权比较有限，无法通过税种设置和税制调整等传统税收竞争理论及联邦制国家地方政府所采用的方式进行税收竞争，但在现实中，地方政府却能够采取放松对辖区内企业的税收征管的方式展开税收竞争。理论上，地区间的税收竞争促使地方政府放松税收征管，从而降低企业逃避税被查获和惩罚的风险，增强了企业的避税动机，导致了企业避税的增加。利用2010—2019年的上市公司及省际数据为样本的实证检验验证了这一理论推断，并且这一结论在多项稳健性检验中依然成立。此外，研究还发现税负较高的企业和盈利能力更强的企业在税收竞争的影响下，避税动机更强；对于经济发展水平更高的东部地区企业，税收竞争对企业避税的助长作用更强。

本章的研究具有重要的政策启示。首先，关于地区间税收竞争，一定程度的税收竞争可以促进资本、产业在区域间的流动，促进资源更有效的配置，刺激地区的经济增长。但是，由于税收竞争具有“逐底竞争”的特点，过度或者恶性的竞争既会直接造成地区税收收入的流失，更会造成资源配置的低效，挤压公共支出，从而阻碍经济发展。因此，为了避免过度的税收竞争，需要优化税收法治，规范和约束地方政府的税收竞争行为，引导地方政府以改善营商环境、改进公共服务供给吸引资本、劳动等要素流入，促进经济社会发展。其次，企业出于减降成本、追求利润的本性，具有天然的避税动机。对于政府和征管机构而言，应该构建更合理的税收制度和更加规范的征管制度，落实税收法定。再者，对于企业而言，要在不违反制度的情况下，根据自身经营目标，结合政策和所属地区的现状，依法承担税收义务、享受税收优惠，而不是单纯地规避税收责任。

第七章

资本市场开放与企业税收遵从

本章内容提要：资本市场开放产生了持续而广泛的影响，论文尝试从公司税收遵从角度理解这一政策的潜在影响。利用中国"陆港通"交易制度实施这一准自然实验，采用倾向得分匹配—双重差分法（PSM-DID）考察了资本市场开放对公司税收遵从的影响。研究发现：资本市场开放会显著降低"陆港通"标的企业的账税差异避税水平，这一结论在系列稳健性检验中依然成立；机制分析表明，资本市场开放可以通过缓解标的企业融资约束以及通过提高标的企业的信息透明度，抑制企业账税差异避税；异质性分析表明，该效应主要存在于位于税收征管水平较低地区的企业和国有企业；拓展性分析结果表明，资本市场开放对企业账税差异避税的影响随着企业税收遵从水平的降低先增后减。此外，在资本市场压力下，企业会选择更为隐蔽的账税一致避税策略，但没有证据表明资本市场开放影响了企业的总体税收状况。本章的研究从企业融资约束和信息透明两个角度揭示了资本市场开放影响公司税收遵从行为的微观机制，为进一步推进资本市场开放和提高国家征税能力提供了经验证据。

一、引　言

现代国家在安全、法治、教育、医疗卫生和社会保险等方面承担着重要责任，为保证这些责任的实现，国家需要有确保纳税义务得以履行的税收征管能力（Pomeranz and Vila - Belda，2019）。然而，现实中尽管税收征管技术不断完善，企业逃避税现象仍然存在。据统计，从2018年8月到2021年10月底，税务机关依法查处涉嫌虚开骗税企业44万户，挽回税收损失909亿元，抓获犯罪嫌疑人43459人①。2022年1月，李克强总理在减税降费座谈会上提出："我国继续做好'六稳''六保'工作，抓紧实施新的更大力度组合式减税降费。同时要坚决打击偷税漏税骗税"。企业逃避税不仅会导致国家税收流失、影响财政可持续性，还会加剧企业内外部信息不对称；一旦避税行为被税务机关披露，则会引发股价暴跌（李春涛等，2021）。因此，治理逃避税、促进资本市场稳定健康发展的重要性不言而喻。

目前学界有关企业税收遵从影响因素的文献颇为丰富，然而较少有学者探究资本市场开放对企业税收遵从的影响。党的十九大报告指出："建设现代化经济体系，要推动形成全面开放新格局。开放带来进步，封闭必然落后。中国开放的大门不会关闭，只会越开越大"。事实上，在贸易保护主义、逆全球化抬头的背景下，中国不断提高开放程度并推动全球共同开放，成为经济开放和全球化的主要引领者。近年来，中国对外开放不断深化，逐步推动资本市场的对外开放。2014年，试点实施了"沪港通"交易制度；2016年，"深港通"正式启动实施。"陆港通"交易制度实施，可以活跃资本市场，增强资本市场投融资功能。根据港交所统计，截至2019年10月31日，北向"陆港通"累计金额达17.411万亿元人民币②，大量北上资金活跃在A股市场。事实上，对外开放是企业所处的基本外部环境，当然影响塑造着企业的经营决策和行为方式。现有研究表明，资本市场开放可以降低资本成本（Chari and Henry，2004）、缩小企业内部薪酬差距（张昭等，2020）、优化企业投资结构（连立帅等，2019）以及促进企业创新（朱琳和伊志宏，2020）等。那么，资本市场开放是否以及通过何种渠道影响企业税收决策呢？现有文献较少对这一问题做出回应。

为此，本章以"陆港通"交易制度实施这一外生政策冲击作为"准自然实验"，利用2009—2018年中国沪深A股上市公司数据，构建倾向得分匹配—双重差分模型（PSM-DID）来识别资本市场开放与公司税收遵从之间的

① 资料来源：《迈出"第一步"感受新气象——2021年全国税务工作会议述评（上）》http：//www.chinatax.gov.cn/chinatax/n810219/n810724/c5171877/content.html.

② 资料来源：《互联互通迎来五周年》https：//sc.hkex.com.hk/TuniS/www.hkex.com.hk/News/News－Release/2019/191115news?sc_lang＝zh－HK.

因果关系。实证检验结果显示，相对于非标的企业，"陆港通"交易制度实施后，标的公司的账税差异避税程度显著降低。进一步研究发现，资本市场开放会通过两方面机制影响公司税收遵从行为：一方面，资本市场开放可以缓解企业融资约束；另一方面，资本市场开放可以促使企业提高其信息披露质量。异质性分析结果表明，资本市场开放对公司税收遵从行为的影响，对国有企业和位于税收征管水平较低地区的企业更为显著；拓展性分析结果表明，资本市场开放对税收遵从水平的影响并非一成不变，其随着企业税收遵从水平的降低先增后减。在资本市场压力下，企业会选择更为隐蔽的账税一致避税策略，但企业整体税收状况的变化不明显。

本章可能的贡献主要体现在以下方面：第一，近年来，越来越多的学者关注非征管因素对公司税收遵从的影响，如企业股权结构（邢斐等，2021）、公司商业战略（吕伟等，2011）、企业社会责任履行（Hoi et al.，2013）以及高管薪酬（陈冬和唐建新，2012）等。本章从资本市场开放角度丰富了公司税收遵从影响因素的文献。第二，已有研究企业税收遵从的文献，大多只考虑企业通过改变纳税调整项目金额来进行账税差异避税。本章不仅探讨了资本市场开放影响企业账税差异避税的微观机制，还探究了在资本市场压力下企业账税一致避税水平的变化，为更好地理解企业避税策略、提高国家税收征管能力提供了经验证据。第三，本章拓展了资本市场开放经济后果的研究。本章提供了资本市场开放有助于公司税收遵从提升的经验证据，为立足中国本土管理实践，进一步推进资本市场开放，完善中国特色金融体系提供了实证支持。

二、理论分析与研究假设

税收是企业一项重要现金流出，避税可以为企业节约支出，增加净利润，提升公司业绩。企业业绩提升则有利于管理层晋升、薪酬增长等。此外，管理层还可以利用避税节约的资金进行过度投资或者攫取私人利益（Desai and Dharmapala，2006）。因此，管理层有动机进行避税。同时，会计与税法存在差异、征纳双方信息不对称和腐败寻租等现实，为企业避税提供了可能性（范子英和田彬彬，2013）。企业避税可获得收益，但同时存在成本。企业避税被税务机关查获，除了补缴税款及滞纳金以外，还会被处以罚款，甚至追究负责人刑事责任。当投资者预期企业避税行为会带来非税成本时，将会给股价带来负面影响，从而加剧企业股价崩盘风险（李建军和范源源，2021）。股价崩盘会导致股东财富的巨大损失，公司高管也会因此受到惩罚（于传荣等，2017）。因此，理性的纳税人会根据其逃避税的收益与成本进行税收遵从权衡（Allingham and Sandmo，1972）。

一方面，资本市场开放可以缓解企业融资约束，降低企业避税动机。目前，我国企业所得税占公司税前利润1/4左右，是公司重要的经营成本。避税可以节约公司支出，显著提高公司现金流水平（王亮亮，2016）。相对于裁员、减少研发支出以及广告支出等可能对企业长期发展产生持久影响的措施，以避税作为一种潜在替代性融资方式，颇受融资约束企业关注。经验研究显示，融资约束较强的企业会通过税收筹划减少现金流出，提升企业现金持有水平，其会追逐更激进的避税策略（Law and Mills，2015），而资本市场开放可以吸引境内外投资者，市场资金充裕有助于缓解企业外部融资约束（Gallego and Loayza，2000）。首先，“陆港通”为标的公司带来利好消息，吸引内地投资者投资（杨胜刚等，2020）；其次，“陆港通”实施还促进了跨境资金流动，吸引香港投资者关注和投资。标的公司市场资金丰沛，会增加其直接再融资机会，提高标的公司股票交易活跃度和流动性。股票流动性会影响公司发债成本，股票流动性较高时，其支付的贷款利率较低（程利敏等，2019），这有助于增加标的公司信贷机会，降低其信贷成本。因此，标的企业直接间接融资能力增强以及融资成本降低，融资约束缓解，公司以避税来减少资金流出以及缓解资金压力的激励将随之降低。

另一方面，资本市场开放可以提升企业信息透明度，提高企业避税成本。根据经典的A-S税收遵从模型的理论逻辑，基于预期税后收益最大化目标，企业在纳税申报时可能会向税务机关报告虚假的收入和成本。此外，税务机关的稽查率和处罚率会影响企业纳税申报（Slemrod et al.，2017）。换言之，企业避税决策还取决于其避税风险或成本。理论上，若企业避税成本越低，预期收益越高，企业会更倾向于避税；反之，若企业避税成本越高，预期收益越低，企业避税倾向越低。与境内投资者相比，境外投资者有着更加成熟的投资经验、策略和分析工具，具有更强的信息分析和挖掘能力（Bae et al.，2012），通常会对上市公司信息披露提出更高要求，要求更严格的审计（Aggarwal et al.，2011）。事实上，“陆港通”交易制度实施，优化了公司信息环境，促使公司信息披露质量和股票信息含量提升（郭阳生等，2018）。此外，境外资本流入提高了标的公司市场关注度，引致更多分析师和券商等中介机构加强对其信息挖掘和传递等（郭阳生等，2018），这会增强标的公司的信息透明度。虽然公司披露的信息主要是针对非税收目的的资本市场参与者，但公司信息透明度提高，使所有各方可获得信息增加（Desai and Dharmapala，2006）。一般而言，税收稽查是通过公司财务报表开始（Kerr，2019），“陆港通”促进标的上市公司信息的披露、深层次挖掘和审计监督，有助于税务局识别公司避税风险点，实现税收稽查“靶向”定位，增强税收稽查的针对性和精准性，提高公司避税被查实的概率，显著增加避税的预期成本，从而抑制公司避税。此外，管理层可以通过复杂的避税措施为公司隐瞒负面消息（Kim et al.，2011），而当公司囤积的坏消息一旦被披露，就会引起投资者恐慌而大量抛售股票，引起股价暴跌（宋献中等，2017）。股价的暴跌会引起投资者的财富大量缩水，管理层也会因此被惩罚。因此，“陆港通”交易制度带来的信息环境的改善，使得管理层通过避税来隐瞒负面消息的成本提高，进而提升企业税收遵从。

因此，本章提出如下研究假设：

H1：资本市场开放可以提高公司税收遵从。

H2：资本市场开放可以通过缓解公司融资约束，进而提升公司税收遵从。

H3：资本市场开放可以通过提升公司信息透明度，进而提高公司税收遵从。

三、研究设计

（一）数据来源与样本处理

本章以 2009—2018 年中国沪深 A 股上市公司为研究样本[①]，并对样本进

① 考虑到难以排除 2018 年以后同期发生事件对基准结果的干扰，如国地税合并以及新冠疫情等，本章样本期截至 2018 年。稳健性检验中，分别将样本年限延长至 2019 年、2020 年，基准结果依旧成立。

行了如下处理：①剔除金融行业上市公司；②剔除 ST 和*ST 公司；③剔除了财务数据缺失样本。④剔除了被调出的“沪港通”和“深港通”标的公司，以排除这部分样本的干扰。最终，得到 20572 个观测值，此外，还对连续变量进行了上下各 1% 的缩尾处理。本章数据主要来自于国泰安数据库和 Wind 数据库，并从中国香港交易所官方网站收集整理“陆港通”标的公司名单。

（二）变量定义

1. 被解释变量

公司税收遵从 *DDBTD*。目前，多数文献采用会计—税收差异（*BTD*）及其变体来衡量公司税收遵从。会税差异越大，往往反映公司有更激进的避税行为（Wilson，2009）。中国企业的会计—税收差异与其被税务机关出具的税务审计调整额正相关，会税差异指标被应用于中国的研究存在合理性（Chan et al.，2010）。但该指标没有区分公司实际经营活动和避税交易，而且这种差异也受公司盈余管理影响。因此，本章借鉴德赛和达马帕拉（Desai and Dharmapala，2006）以及代彬等（2016）的研究，用剔除应计利润影响的会计—税收差异（*DDBTD*）作为公司税收遵从的衡量指标，即会税差异越大，表示公司避税可能性越大。*DDBTD* 的具体计算方法如下：

$$BTD_{it} = \beta \times TACC_{it} + u_i + \varepsilon_{it} \tag{7-1}$$

$$DDBTD_{it} = u_i + \varepsilon_{it} \tag{7-2}$$

其中，*BTD* 等于(利润总额 - 企业应纳税所得额)/期初总资产，企业应纳税所得额为当前所得税费用除以企业适用的所得税税率；*TACC* 为企业总应计利润与期初总资产之比；u_i 表示企业 i 在样本期间内的残差均值，ε_{it} 表示企业 i 在 t 年的个体残差；*DDBTD* 等于两残差之和 $u_i + \varepsilon_{it}$。

2. 解释变量

资本市场开放 *HSSC*。$HSSC_{it}$ 为哑变量，如果公司 i 在 t 年已经加入“沪港通”或“深港通”，则取 1，之前年份，取 0。需要说明的是，如果上市公司在 t 年 11 月以后加入“陆港通”，则认定 $HSSC_{it}$ 在加入的 $t+1$ 年及以后取

1，t年及以前年份取0。

3. 控制变量

以往研究（Zimmerman，1983）表明，大公司有更大动机从事避税活动。因为大型企业财务更复杂，更有能力构建复杂的减税交易，因此本章控制了公司规模*Size*。因为债务融资成本可以在税前扣除，公司可以通过举债降低其有效税率（Newberry and Dhaliwal，2001），本章还控制资产负债率*LEV*以控制税盾对债务的影响。存货密集度*SR*、无形资产比率*IR*和固定资产比率*FR*可能影响公司使用债务的可能性和公司从事避税行为的可能性（Nguyen and Nguyen，2020）（这两个名字一样），本章控制了这三个变量。年龄越大的企业，越趋于保守，可能越不会避税（陈德球等，2016），因此，本章控制了公司年龄*Age*。基于避税代理观的研究表明，管理层可以利用避税节约的资金进行过度投资或者攫取私人利益，进而侵害股东的权益（Weisbach，2002）。为此，本章还控制了影响公司治理水平的变量包括第一大股东持股比例*RATIO*、董事会规模*BSIZE*与独立董事比例*DRATIO*。最后，本章还控制了公司虚拟变量和行业—年份虚拟变量，本章主要变量定义如表7-1所示。

表7-1　　　　主要变量定义

变量	符号	变量度量标准
公司税收遵从水平	*DDBTD*	具体估计方法详见正文
资本市场开放	*HSSC*	企业加入沪港通或深港通后，取1，之前，取0
公司规模	*Size*	年末总资产的自然对数
资产负债率	*Lev*	年末总负债/年末总资产
存货密集度	*SR*	年末存货净值/年末总资产
无形资产比率	*IR*	年末无形资产净值/年末总资产
固定资产比率	*FR*	年末固定资产净值/年末总资产
公司年龄	*Age*	年份t减去公司注册时间加1
第一大股东持股比例	*Ratio*	持股最多的股东的持股数量/上市公司总股数
董事会规模	*Bsize*	董事会人数的自然对数
独立董事比例	*Dratio*	独立董事数量/全部董事数量

资料来源：作者整理。

（三）样本、模型与变量

由于企业之间可能存在异质性，很难具备完全一致的时间效应，因此，本章借鉴布伦德尔和迪拉兹（Blundell and Dias，2010）的研究，在双重差分之前采用逐年匹配方法为各年处理组找到匹配组，以避免“陆港通”标的企业与非标的企业间公司特征同时影响公司是否入选“陆港通”和公司税收遵从引起的内生性问题。具体做法如下：结合影响企业入选“陆港通”标的因素及公司税收遵从的影响因素，选取公司规模、资产负债率、净资产利润率、账面市值比、董事会规模以及所有权性质等作为匹配变量；逐年按照半径为0.01的最近邻一对一匹配方法，为处理组找到对照组。匹配后，两组样本概率密度分布明显趋于一致，样本满足共同支撑假设①。

“陆港通”交易制度采用分批次确定标的名单的制度设计，为本章提供了类似于错层的准自然实验，可以在一定程度上克服研究中存在的遗漏变量和反向因果等内生性等问题。基于此，本章采用双重差分法考察资本市场开放对公司税收遵从行为的影响，构建多期双重差分模型如下：

$$DDBTD_{ijt} = \delta_0 + \delta_1 HSSC_{it} + \beta \cdot X_{ijt} + \mu_i + \gamma_{jt} + \varepsilon_{ijt} \quad (7-3)$$

其中，被解释变量 $DDBTD_{ijt}$ 代表行业 j 内公司 i 第 t 年的税收遵从水平；解释变量 $HSSC_{it}$ 为资本市场开放哑变量；X_{ijt} 是一组控制变量，表示影响公司税收遵从的其他公司特征因素；μ_i 为公司层面的个体固定效应，控制公司层面不随时间变化的冲击；γ_{jt} 为行业一年份固定效应，控制不同行业随时间变化的特征；ε_{ijt} 是残差项。

主要变量描述性统计结果如表 7-2 所示。从表 7-2 可以看出，*DDBTD* 的均值为 -0.037，标准误为 0.0879，说明样本企业税收遵从度存在较大差异。

① 限于篇幅，未列示具体结果，备索。

表7-2　　主要变量描述性统计

变量	均值	中位数	标准误	25%分位数	75%分位数
DDBTD	-0.037	-0.0386	0.0879	-0.0751	-0.0008
Size	22.1031	21.9308	1.3019	21.1735	22.8454
FR	0.2193	0.185	0.1655	0.0897	0.3144
IR	0.0466	0.0338	0.0509	0.0162	0.0578
SR	0.1527	0.116	0.1442	0.0607	0.1907
Lev	0.4323	0.4253	0.2126	0.2605	0.5917
Ratio	0.3488	0.3298	0.149	0.2314	0.45
Bsize	2.4558	2.4849	0.1838	2.3026	2.4849
Dratio	0.3745	0.3333	0.0562	0.3333	0.4286
Age	17.2898	17	5.3651	13	21

资料来源：作者整理。

四、实证分析

（一）基准回归结果

资本市场开放对公司税收遵从影响的基准回归结果如表7-3所示。表7-3中第1列的回归分析中只加入了年度和公司固定效应作为控制变量，结果显示，“陆港通”（*HSCC*）的回归系数显著为负；在第2列回归中，进一步加入企业特征变量作为控制变量，“陆港通”（*HSCC*）的系数依然显著为负；第3列回归中，又加入了年度—行业变量，以控制随时间变化的行业特征，结果显示，“陆港通”（*HSCC*）的回归系数仍在1%的置信水平显著为负。以上结果都表明，当“陆港通”交易制度实施后，相对于非标的公司，“陆港通”标的公司的税收遵从度显著提高，本章假设H1成立。

表 7-3　　　　基准回归结果

变量	(1)	(2)	(3)
HSSC	-0.0068*** (0.0020)	-0.0071*** (0.0020)	-0.0056*** (0.0021)
Size		0.0166*** (0.0020)	0.0176*** (0.0022)
FR		-0.0669*** (0.0099)	-0.0708*** (0.0100)
IR		-0.1116*** (0.0269)	-0.1085*** (0.0255)
SR		0.0373*** (0.0118)	0.0321*** (0.0122)
Lev		-0.1159*** (0.0088)	-0.1155*** (0.0090)
Ratio		0.0426*** (0.0129)	0.0435*** (0.0129)
Bsize		0.0113** (0.0058)	0.0096* (0.0058)
Dratio		-0.0341** (0.0148)	-0.0258* (0.0145)
Age		-0.0042*** (0.0004)	-0.0103** (0.0052)
Constant	-0.0235*** (0.0017)	-0.2969*** (0.0428)	-0.2357** (0.1087)
年度固定效应	是	是	否
公司固定效应	是	是	是
年度和行业固定效应	否	否	是
观测值	15754	15754	15754
R^2	0.0215	0.0951	0.1667

注：括号内为标准误，在公司层面进行了聚类调整；*、**、*** 分别表示在10%、5%和1%水平上显著，下同。

资料来源：作者整理。

（二）稳健性检验

1. 平行趋势检验及动态效应分析

动态效应检验不仅可以展现“陆港通”对公司税收遵从的动态影响，也能检验潜在遗漏变量和互为因果问题。为此，本章以公司加入“陆港通”标的前一年为对照年份，构建了“陆港通”制度实施时点变量进行考察，如式7-4：

$$DDBTD_{ijt} = \alpha + \beta_{-7} T_{-7} + \cdots + \beta_{-2} T_{-2} + \beta_0 T_0 + \beta_1 T_1 + \beta_2 T_2 + \beta_3 T_3 + \mu_i + \gamma_{tj} + \varepsilon_{ijt} \quad (7-4)$$

其中，T_0 表示标的企业加入“陆港通”当年变量，若“陆港通”标的企业处于成为“陆港通”标的当年，取值1，否则，取值0。T 下标为负，表示成为“陆港通”标的之前年份，譬如，变量 T_{-2} 表示标的企业实施“陆港通”之前第2年，若“陆港通”标的企业处于成为“陆港通”标的之前第2年，取值1，否则，取值0。T 下标为正，表示成为“陆港通”标的之后年份，譬如，变量 T_1 表示标的企业成为“陆港通”标的之后第1年，若“陆港通”标的企业处于成为“陆港通”标的后第1年，取值1，否则，取值0。

图7-1绘制了 β_t 的估计结果和95%置信区间。从图中可以看出，“陆港通”交易制度实施以前的回归系数都不显著异于0，说明“陆港通”之前标的企业与非标的企业的税收遵从无显著差异，平行趋势假设成立。此外，在“陆港通”交易制度开始实施后，T_0、T_1 和 T_2 系数均显著异于0，估计系数绝对值先升高，在第二年有所降低，这显示资本市场开放的动态效应在当期及其后两期仍然显著，且在制度实施后第一年效应最大。在制度实施的第三年，T_3 的系数虽仍为负但不显著。可能的原因在于，“陆港通”交易制度刚开始实施时，企业受到来自境外投资者的“冲击”，以减少避税行为作为回应。随着该制度逐渐推行，最初加入“陆港通”的标的公司适应了这种变化，调整其税收管理计划。以上结果表明，资本市场开放后，“陆港通”标的公司税收遵从水平显著提高，且这一结果不受反向因果和遗漏变量等的影响。

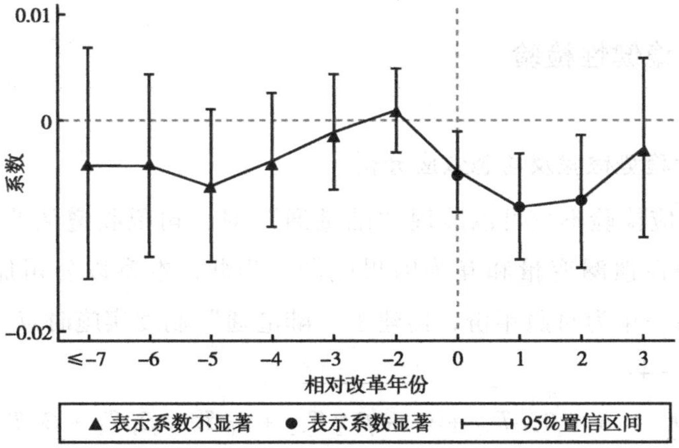

图 7-1　政策效果的动态变化

资料来源：作者整理。

2. 调整样本

本章的理论分析表明“陆港通”交易制度通过引入境外投资者缓解企业融资约束和提高信息透明度，进而提升企业税收遵从，但在“陆港通”交易制度实施之前，境外投资者可以通过B股市场、合格境外投资者（QFII）和“A+H”交叉上市等渠道持有上市公司的股票。为排除企业加入“陆港通”标的之前境外投资者持股对其的影响，本章参考钟凯等（2018）的做法，剔除掉B股上市公司样本、QFII持股样本与“A+H”交叉上市样本，对模型7-3重新估计。回归结果如表7-4第1列所示。可以看出，“陆港通”（*HSCC*）的回归系数依旧显著为负。本章结论依然成立。

表 7-4　　部分稳健性检验结果

变量	(1)	(2)	(3)	(4)	(5)	(6)
	其他开放	*BTD*	*ETR*	*Adj_ETR*	营改增	城市
HSSC	-0.0053**	-0.0035**	0.0125***	-0.0127***	-0.0080***	-0.0051**
	(0.0022)	(0.0015)	(0.0045)	(0.0045)	(0.0023)	(0.0022)
控制变量	是	是	是	是	是	是
公司固定效应	是	是	是	是	是	是
年度和行业固定效应	是	是	是	是	是	是

续表

变量	(1)	(2)	(3)	(4)	(5)	(6)
	其他开放	*BTD*	*ETR*	*Adj_ETR*	营改增	城市
年度和城市固定效应	否	否	否	否	否	是
观测值	13106	15754	14521	14521	10516	14612
R^2	0.1889	0.1390	0.0802	0.0808	0.1717	0.0732

资料来源：作者整理。

3. 更换公司税收遵从度量指标

为验证结论的稳健性，本章使用会计—税收差异（*BTD*）作为被解释变量，重新对模型7－3进行回归。*BTD*值越大，表示公司税收遵从度越低。回归结果如表7－4第2列所示。可以看出，“陆港通”（*HSCC*）的回归系数依旧显著为负。此外，本章还采用了实际税率（*ETR*）、消除名义税率影响的名义税率与实际税率之差（*Adj_ETR*）作为公司税收遵从度的代理变量，进行稳健性检验。前者值越大，公司税收遵从度越高，后者值越大，公司税收遵从度越低。为了剔除异常值影响，剔除了实际税率大于1和小于0样本。估计结果分别如表7－4第3列和第4列所示。可以看出，“陆港通”（*HSCC*）的回归系数分别显著为正和负，同样表明本章结论稳健。

4. 排除“营改增”政策的影响

李和王（Li and Wang，2020）的研究表明，增值税可以发挥自我执行机制，促使企业报告收入的增加，这也有助于企业所得税遵从。为了避免“营改增”政策对本章结果的干扰，本章以“营改增”前后均缴纳增值税的制造业企业与批发和零售业企业为样本，对模型7－3进行估计。回归结果如表7－4第5列所示。可以看出，“陆港通”（*HSCC*）的回归系数显著为负，说明在排除“营改增”政策影响后，本章的结论依旧稳健。

5. 控制城市特征因素

考虑到公司纳税行为受到所在城市特征因素影响，如当地税务机关的执法力度、当地营商环境以及政府财政状况等。本章在模型7－3中加入了企业注册地所在城市虚拟变量（*City*）与年份虚拟变量（*Year*）的交乘项，以控制随着时间变化的城市特征。估计结果如表 7 – 4 第 6 列所示。可以看出，“陆港通”（*HSCC*）的回归系数依旧显著为负。这表明在考虑随时间变化的城市特征因素后，本章结论依然成立。

6. 安慰剂检验

为了进一步检验结论是否受到其他遗漏变量的影响，本章借鉴切蒂等（Chetty et al.，2009）的做法，将样本企业随机设定为“陆港通”标的企业，生成新的处理组与控制组，用虚构的处理效应变量对模型 7 – 3 进行回归，重复上述过程 500 次，估计结果如图 7 – 2 所示。可以看出，使用虚构处理效应估计的系数大部分集中在 0 附近，说明公司税收遵从提高是资本市场开放所致，不是随机因素造成的。

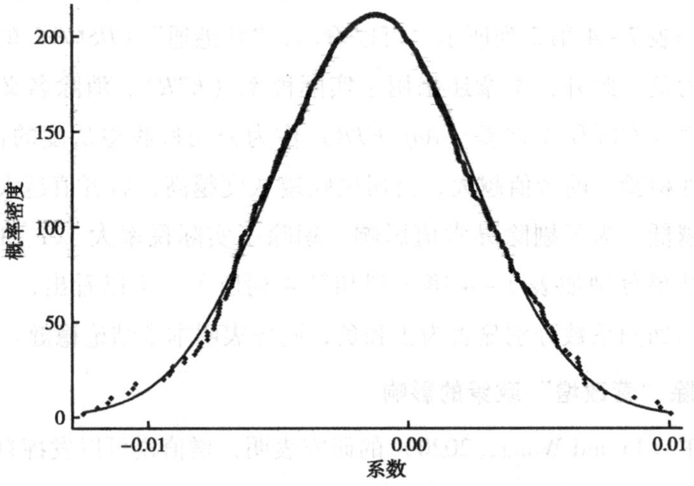

图 7 – 2　安慰剂检验

资料来源：作者整理。

（三）机制分析

1. 融资约束缓解作用机制

为检验假设 H2，借鉴温忠麟等（2004）的方法，采用中介效应检验程序验证融资约束缓解在资本市场开放与公司税收遵从间关系的作用机制。模型设计如下：

$$Finance_{ijt} = \alpha_0 + \alpha_1 HSSC_{it} + \beta \cdot X_{ijt} + \mu_i + \gamma_{jt} + \varepsilon_{ijt} \quad (7-5)$$

$$DDBTD_{ijt} = \beta_0 + \beta_1 HSSC_{it} + \beta_2 Finance_{ijt} + \beta \cdot X_{ijt} + \mu_i + \gamma_{jt} + \varepsilon_{ijt} \quad (7-6)$$

其中，借鉴鞠晓生等（2013）的研究，采用SA指数来度量融资约束①，其绝对值越大，表示公司面临的融资约束更严重。为了消除企业自身指标包含的信息过量或者不足问题，本章计算了“年份—城市—行业—所有权”单元内企业融资约束均值作为企业融资约束（*Finance*）的衡量指标。

融资约束中介作用机制检验结果如表7-5所示。由表7-5第1列可以看出，“陆港通”（*HSCC*）与公司融资约束（*Finance*）显著负相关，说明入选“陆港通”标的后，企业融资约束得到缓解。在表7-5第2列中，“陆港通”（*HSCC*）与企业融资约束（*Finance*）的系数均显著，且与模型7-3结果相比，“陆港通”（*HSCC*）的系数绝对值和显著性变小。以上结果表明，融资约束在资本市场开放影响公司税收遵从过程中发挥了部分中介作用，假设H2成立。

2. 信息透明度提升作用机制

为进一步揭示资本市场开放影响公司税收遵从的信息透明作用机制，本章采用与融资约束中介效应相同的分析程序和模型检验“陆港通”交易制度实施的信息渠道，中介变量以信息透明度（*Tansprent*）代替融资约束（*Finance*）。

参考田利辉和王可第（2017）的做法，以用修正Jones模型估计的应计盈余绝对值作为企业信息透明度（*Tansprent*）的衡量指标，其值越大，代表企业信息透明度越低。信息透明度中介作用机制检验结果如表7-5所示。由表7-5第3列可以看出，“陆港通”（*HSCC*）与信息透明度（*Tansprent*）显著负相关，说明入选“陆港通”标的后，公司信息透明度提高。在表7-5第4列中，“陆港通”（*HSCC*）与信息透明度（*Tansprent*）系数均显著，且与模型7-3相比，“陆港通”（*HSCC*）的系数绝对值和显著性变小。以上结

---

① $SA = \left| -0.737Size + 0.043Size^2 - 0.04Age \right|$，$Size = \ln$（公司年末总资产）。

果表明，信息透明度在资本市场开放影响公司税收遵从的过程中发挥了部分中介效应，假设H3成立。

多变量中介效应分析。最后，本章还将中介变量同时纳入模型7－3中。估计结果如表7－5第5列所示，可以看到，企业融资约束（*Finance*）和信息透明度（*Tansprent*）两个中介变量系数依旧显著，且与模型7－3相比，"陆港通"（*HSCC*）的系数绝对值和显著性变小。以上结果再次说明，融资约束和信息透明度在资本市场开放影响公司税收遵从的过程中发挥了中介效应。

表7－5　中介机制分析

变量	(1)	(2)	(3)	(4)	(5)
	Finance	*DDBTD*	*Tansprent*	*DDBTD*	*DDBTD*
HSCC	−0.0216*** (0.0028)	−0.0052** (0.0021)	−0.0087*** (0.0031)	−0.0044** (0.0022)	−0.0037* (0.0022)
Finance		0.0196* (0.0112)			0.0369*** (0.0123)
Tansprent				0.0629*** (0.0163)	0.0612*** (0.0162)
控制变量	是	是	是	是	是
公司固定效应	是	是	是	是	是
年度和行业固定效应	是	是	是	是	是
N	15754	15754	12996	12996	12996
R^2	0.7642	0.1672	0.1429	0.1755	0.1773

资料来源：作者整理。

五、拓展性研究

（一）异质性分析

1. 基于税收征管水平差异的异质性分析

税收征管是影响公司生产经营的重要外部力量，税务机关的税收执法力度或税收努力会影响企业避税（Dyck and Zingales，2004）。由于我国各地区税务机关人力及禀赋等不同，导致税收征管效率在各地区存在差异（王德祥和李建军，2009）；地方政府间可能还会通过主动放松税务审计来吸引资本、劳动等流动性生产要素的流入，即税收竞争也会导致各地区税收征管水平的差异（田彬彬和范子英，2018）。理论上，与位于征管水平较低地区的企业相比，位于税收征管水平较高地区的企业逃避税被查处的概率更高，因此，其税收遵从度相对较高。前文的理论分析表明，资本市场开放可以通过优化企业信息环境，增加企业逃避税被税务机关发现而被处罚的概率，从而提高企业税收遵从度。

按照这一逻辑，如果企业所处地区税收征管水平较高，企业逃避税被发现概率本已比较高，那么资本市场开放带来的税收遵从提升效应则不明显；而在税收征管水平较低地区，资本市场开放的信息透明效应则可以提高稽征水平，从而提高企业税收遵从。为此，本章借鉴卢洪友和张楠（2016）的做法，以实际税负和预测税负的比值衡量的税收努力程度（*TE*）作为地区税收征管水平的代理变量，按照税收努力程度（*TE*）的年度中位数，将样本分为税收征管力度较高和较低两组，进行分组回归。表 7 - 6 中第 1 列和第 2 列的结果显示，“陆港通”对企业税收遵从的影响，仅对位于税收征管水平较低地区的企业显著，而对位于税收征管水平较高地区的企业则不显著，且通过了组间系数差异检验。

2. 基于产权性质差异的异质性分析

中国的制度环境使得民营企业和国有企业的避税动机存在显著差异（严若森等，2018）。与民营企业相比，国有企业产权不明晰导致委托代理问题更加严重，即国有企业管理层更容易通过避税等来隐瞒负面信息（李春涛等，2021）。此外，连立帅等（2019）的研究表明，由于 H 股、红筹股等国有背景的企业在中国香港市场中交易更为活跃，“沪港通”交易制度实施后，香港投资者会利用其信息获取能力优势与信息增量，提高国有企业的股价信息含量。前文的理论分析表明“陆港通”交易制度带来的信息环境改善，使得管理层通过避税来隐瞒负面消息的成本提高，进而提升了企业税收遵从度。

按照这一逻辑，对于委托代理问题相对较小的民营企业，企业通过避税来隐瞒负面消息的动机相对较弱，那么资本市场开放带来的税收遵从提升效应则不明显；而对于委托代理问题更为严重的国有企业，资本市场开放提升了其信息透明度，使得管理层通过避税来隐瞒负面消息的成本提高，从而提高企业税收遵从。为检验这一判断，本章根据公司产权性质，将样本区分为国有企业和民营企业，对模型7-3进行分组回归，结果如表7-6中第3列和第4列所示。可以看出，“陆港通”实施对公司税收遵从的提升效应，仅在国有企业样本组中显著，而在民营企业样本中则不显著，且通过组间系数差异检验。

表7-6　　　　异质性分析

变量	税收征管水平		产权性质	
	(1) 强税收征管	(2) 弱税收征管	(3) 国有企业	(4) 民营企业
HSCC	-0.0039 (0.0038)	-0.0088 *** (0.0030)	-0.0061 ** (0.0031)	-0.0032 (0.0029)
控制变量	是	是	是	是
公司固定效应	是	是	是	是
年度和行业固定效应	是	是	是	是
经验 *P* 值	0.0042		0.060	
观测值	6261	7286	6333	9421
R^2	0.2273	0.1853	0.2044	0.2107

资料来源：作者整理。

(二) 拓展性分析

1. 基于面板分位数回归模型的分析

上述回归结果表明，资本市场开放通过缓解企业融资约束、提高企业信息透明度，进而降低企业账税差异避税水平。那么资本市场开放对企业账税差异避税的影响是否一成不变呢？为了精准识别资本市场开放在不同分位点的异质性效应，本章借助面板分位数回归方法进行估计，回归结果如表7-7所示。可以发现，“陆港通”（*HSCC*）的回归系数的绝对值先逐渐升高，而后降低。具体来说，在0.5分位点处回归系数的绝对值最大，且在1%水平上显著，而在0.25分位点以前以及0.75分位点以后回归系数的绝对值和显著性都有所降低，这说明在低分位点和高分位点处（即企业税收遵从水平很高或者很低的情况），资本市场开放对企业税收遵从难以产生明显的作用，而在中间分位点处，资本市场开放对企业税收遵从发挥显著的提升效应。究其原因，当企业税收遵从水平本身较高的时候，企业税收遵从再提升的空间极为有限；而在企业税收遵从水平很低的情况下，企业逃避税给其带来的收益可能更大，企业拥有更强的逃避税动机。此时，资本市场开放对企业税收遵从的提升效应不明显。

表7-7　面板分位数回归结果

分位点	10%	25%	50%	75%	90%
HSCC	-0.0019 (0.0048)	-0.0041* (0.0023)	-0.0054*** (0.0018)	-0.0042* (0.0023)	-0.0038 (0.0043)
控制变量	是	是	是	是	是
公司固定效应	是	是	是	是	是
年度固定效应	是	是	是	是	是
观测值	15754	15754	15754	15754	15754
R^2	0.0367	0.0375	0.0361	0.0313	0.0175

资料来源：作者整理。

2. 基于不同避税类型的分析

以往研究认为由于账税一致避税会减少企业会计利润，与非上市公司相比，上市公司管理层面临更大的业绩考核压力，所以更倾向于采用账税差异避税策略（Badertscher et al.，2019）。因此，目前以中国上市公司为样本的研究，多数以实际税率及其变体或会计利润与纳税利润的差额来衡量企业避税程度（范子英和田彬彬，2013；代彬等，2016；李建军和范源源，2020），即仅以账税差异避税程度来刻画企业税收遵从。然而，李青原和陈世来（2021）的研究表明，由于中国的上市公司与国外上市公司面临的监管环境不同，中国的上市公司面临更大的资本市场压力时，如果选择通过改变纳税调整项目金额来进行账税差异避税，有着更大的被处罚和稽查的风险，此时，企业会选择通过隐瞒收入和利润来实现更为隐蔽的账税一致避税。因此，本章进一步探讨“陆港通”交易制度实施后，在面临更大的资本市场监督压力下，“陆港通”标的企业是否会选择账税一致避税。

借鉴李青原和陈世来（2021）的研究，本章用企业实际纳税额与理论纳税额的偏离度的相反数来刻画账税一致避税程度（*conf_tax*），其值越大，代表账税一致避税越多。将其作为被解释变量重新用模型 7－3 进行回归，结果如表 7－8 第 1 列和第 2 列所示，可以看到，无论是否包含公司层面控制变量，“陆港通”（*HSCC*）的回归系数在 1% 水平显著为正①。以上结果表明，资本市场开放后，由于资本市场监督压力的增大，“陆港通”标的企业会减少账税差异避税，转向更为隐蔽的账税一致避税。

最后，为了探究“陆港通”交易制度的实施对标的企业税收遵从的影响方向，本章以企业支付的企业所得税（所得税费用－递延所得税费用－期末应交所得税＋期初应交所得税）与期初总资产的比值来衡量企业总体税收遵从程度（ctr）②，其值越大，代表企业避税越少。将其作为被解释变量重新用模型 7－3 进行回归，结果如表 7－8 第 3 列所示，可以看到，“陆港通”（*HSCC*）的系数并不显著，这意味着没有证据表明“陆港通”交易制度的实施对企业整体税收状况产生了影响。

表 7－8　　资本市场开放对不同避税类型的影响

变量	账税一致避税		总避税程度
	(1) *conf_tax*	(2) *conf_tax*	(3) *ctr*
HSCC	0.0015 *** (0.0005)	0.0017 *** (0.0004)	－0.0001 (0.0005)
控制变量	否	是	是
公司固定效应	是	是	是
年度和行业固定效应	是	是	是
N	12714	12643	12590
R^2	0.1478	0.2055	0.1182

资料来源：作者整理。

① 以 *conf_tax* 作为被解释变量对模型 7－3 进行回归，满足平行趋势假设，限于篇幅，未汇报，备索。

② 这一指标隐含的重要假设为资产规模相同的上市公司应当缴纳相同的企业所得税。

六、研究结论与讨论

本章采用中国上市公司的数据，考察了资本市场开放对公司税收遵从的影响。研究发现：相对于非标的企业，“陆港通”的实施显著降低了标的企业的账税差异避税程度；此外，资本市场开放通过缓解标的企业融资约束以及提高标的企业的信息透明度，从而抑制企业避税；异质性分析结果表明，该效应主要存在位于税收征管水平较低地区的企业和国有企业；拓展性分析结果表明，资本市场开放对企业税收遵从的影响会随着企业税收遵从水平的降低先增后减。资本市场开放后，“陆港通”标的企业会选择更为隐蔽的账税一致避税，但“陆港通”交易制度的实施对企业整体税收状况的影响不显著。

本章的结论具有重要的政策含义。其一，资本市场开放可以减少企业账税差异避税，其源于资本市场开放引起的融资约束缓解，使企业避税内在动机下降。因此，应持续加大资本市场开放力度以缓解企业融资约束，避免企业因融资压力而逃避纳税。积极推动“陆港通”样本进一步扩容，制定更加宽松灵活的纳入规则和交易机制，让更多符合条件的企业，尤其是科创板的中小企业纳入“陆港通”标的。其二，资本市场开放可以通过加大企业避税的预期成本，进而提升公司税收遵从。为此，可以推动各部门信息共享和监管协同，设置更加激励相容的入围标准和长效机制。如将企业纳税状况纳入“陆港通”入选条件中。证监会可以协同税务部门将企业纳税信用评级数据应用到“陆港通”中，对于纳税信用评级为 A 的纳税人优先考虑入选“陆港通”，对于纳税信用评级较差的 D 级纳税人则考虑调出“陆港通”标的，以持续激励企业提高税收遵从。其三，综合运用政府有形之手的规制和市场无形之手的推动，进一步提高企业信息披露质量。一方面，企业入选“陆港通”后可能会选择更为隐蔽的账税一致避税，因此可以加强对“陆港通”标的企业的“穿透式”监管，加快“金税四期”工程的建设，结合“大数据”和“云计算”等，积极推动“以数治税”，对企业财务状况和资金流向等进行全方位、立体化的监控。另一方面，积极发挥市场主体的作用，建立标的企业信息公开平台，加强广大投资者和社会媒体对企业行为的监督。

第八章

企业税收遵从的提升路径与展望

财政是国家治理的基础和重要支柱，税收在提升国家治理和人民幸福中发挥着基础性、支柱性、保障性作用。征税能力是国家能力的基础和核心组成，提升征税能力是增强国家能力的应有之义。要提升国家征税能力，一方面需要有公平和效率兼备的税制设计，另一方面需要有低廉高效的税收征管。若没有良好的税收征管，存在着大量的逃避税，理论上再公平和效率的精巧税制，其实际的公平性和效率性也将大打折扣，甚至损害公平和效率。包括中国在内的世界大部分国家，绝大部分税款都是由企业缴纳入库。我国税收收入中企业缴纳的税收占税收收入的比重超过九成，这一现实决定了企业税收征管和企业税收遵从在税收学术研究和征管实践中的重要位置。

无论是经典的 A－S 税收遵从模型，还是汗牛充栋的各类税收征管文献，或者是税务部门的税收征管实践，再或者是企业或个人的纳税活动，都确切地显示，以税率、税基等要素为代表的实体性税收制度，以征纳方式为表征的程序性税收制度，以税收分配为表现的体制性税收制度，都是影响税收逃避或遵从的因素。

为提升企业税收遵从，应以简税制、宽税基、低税率、严征管为基本原则改革税制。税制复杂不仅带来更高的纳税成本，也会带来更高的逃避税机会，提高稽征难度和成本，在增值税、企业所得税等税制设计时，应尽量简化税制，减少和取消激励与照顾效应弱，形式大于实质的税基式、税率式、税额式等税收优惠措施，慎用减免税差别税收政策。设定适当较低的税率，降低纳税的心理成本和逃避税动机，以严格的征管达到或逼近应收尽收，以高的征收率保障所需税收的征得，为实行适当较低的税率提供空间和基础。

对于增值税，要进一步推进增值税简档降率，实现三挡变两档，并适当降低增值税基本税率，通过简化税制、降低税率，在增进增值税中性、弱化增值税累退性对再分配的不利影响的同时，提升企业的增值税遵从度。尽量减少增值税中的税收优惠政策规定，在更好发挥增值税自身的税收遵从和中性优势的同时，避免因承担过多的调节功能，而增加增值税的复杂性，增添企业逃避税的机会，提高增值税遵从度。

增值税基于发票的进项抵扣制而产生的第三方信息、合谋约束、税额抵扣特征，使增值税在税收征管中存在自我执行机制。零售环节销售税由于缺乏第三方信息报告，购销双方隐匿交易行为难以监控，税收稽征难度较高，而税率高又会加剧纳税人的逃避税动机，由此造成零售环节销售税低征收率和低税率的现实。虽然根据经济学理论，每个环节征收的一定比例税率的增值税和同样比例税率的零售环节销售税是等价的。但事实是，几乎没有一个国家会以超过10%的税率征收零售税，而许多国家可以采用15%或更高的税率征收增值税；增值税自20世纪50年代产生后迅速被绝大部分国家采用，并成为许多国家的主体性税种之一，而零售税却很少成为主要国家的主体。事实胜于雄辩，增值税和零售环节销售税的税收遵从差异表明税制设计对企业税收遵从的影响。为提升增值税遵从，应优化增值税抵扣制。增值税是以增加值为税基的税制，采取销售额计算的销项税减去购进商品和服务所包含的进项税的抵扣机制是其有效征管的关键。我国的增值税转型改革、营业税改征增值税的“扩围”改革、增值税留抵退税改革，扩大了增值税抵扣范围，提升了增值税抵扣链条的完整性和畅通性。应进一步完善增值税抵扣制，改“专用发票制”为电子凭证抵扣制，使企业实际外购商品和服务实际包含的增值税得以据实“应抵尽抵”，以贯通商品和服务交易的增值税抵扣链，从制度上激励购销双方真实报告交易。

企业所得税是反逃避税的关键领域。企业所得税相对较高的逃避税发生率，从税制上看，主要原因在于税制的复杂性，企业所得税的复杂性一方面来自于企业所得税依托的现实经济活动的复杂性，企业的收入、成本、费用等纷繁多样；另一方面，出于组织收入和经济调节的目标，企业所得税中设置了诸多的特别规定，比如大量的税收优惠规定、不同于会计利润计算的特殊处理办法。企业所得税的复杂性给纳税人带来较高的纳税成本，也给纳税人带来了逃避税的诱惑和机会。同时，企业所得税的复杂性也增加了税务局的稽征难度和成本，使企业所得税成为税收非遵从的主要税种。为提升企业所得税的遵从度，减少企业所得税逃避税，重要的着力点在于简化企业所得税税制，减少企业所得税中存在的诸多出于激励和照顾美好初衷的各式各样、纷繁芜杂的税收优惠和差别性税收措施。评估企业所得税中激励研发创新、支持区域和鼓励性行业发展、促进节能减排及绿色发展等税收优惠政策的收益，企业所得税优惠政策所引致的逃避税，造成的税收征纳不公、资源配置的非效率，对财政收入和公共服务供给能力的侵蚀等成本。对实效不彰的激励性和照顾性的税收优惠进行清理规范，以减消差别性税收措施所创设的税收套利空间，降低企业逃避税，同时助力维护公平的市场竞争环境，建设全国统一大市场。

税收征管制度和信息技术对税收遵从产生着深刻影响。基于威慑理论的A－S模型显示，查获概率和罚款率是影响税收遵从的关键变量，逃税的高查获率、高罚款率将提高逃税的风险，降低逃税的预期收益，从而减降税收非遵从度。税收征管体制、税务征管程序、税收稽征方法、税务机构安排和内部激励约束机制、涉税信息报告、征管信息技术、税收违规违法的惩罚措施等，都决定着税收征管的效率和有效性，影响企业逃避税被发现和查获的概率，进而影响企业的税收行为选择和税收遵从度。为减消企业税收非遵从，实现税收应收尽收，上述的税收征管体制、征管程序、稽征方法、机构安排、内部激励约束、信息报告、信息技术和违规惩处等都是改进优化的着力点。实证经验证据和税收征管实践都显示，我国推行的国地税合并税收征管体制改革，金税工程建设（如金税三期）等，对企业及整体税收遵从都产生了显著的提升作用。

近年来，随着互联网、大数据、云计算、人工智能、区块链等技术加速创新，并融入经济社会发展各领域全过程，人类已经由工业时代步入数字时代。在数字时代，经济社会活动都有数据痕迹或记录，万物皆数，这为缓解乃至消除税收征纳双方的信息不对称提供了前所未有的机遇和可能。为此，应充分运用大数据、云计算、人工智能、移动互联网、区块链等现代信息技术，广泛采用全程可溯源、不可篡改的区块链电子发票或票据，实现数据的系统共享、全面汇聚和深度挖掘，全面推进税收征管数字化和智能化，“以数治税”，建成智慧税务，以实现税收的低成本、高效率、高水平应收尽收。

除了税收遵从的威慑框架外，行为财政学的研究显示，纳税人履行纳税义务的倾向容易受到征管过程的影响，税收征管中的非威慑因素对提升纳税人税收遵从存在着显著影响。弗雷（Frey，1997）的研究发现，施加更多的惩罚性执法政策，可能会使人们觉得他们纳税是因为他们不得不纳税（have to），而不是因为他们想要纳税（want to），从而挤出税收自愿遵从的内在动机。因此，为提升税收遵从、减消逃避税现象，要充分借助非威慑性税收制度的作用。事实上，我国税收征管实践中有诸多非威慑性的征管创新举措，在提升纳税人遵从中发挥着积极作用。例如，一年一度的税法宣传月活动、便民办税春风行动、纳税信用评级、银税互动等。基于此，应进一步改进征管过程的制度机制，优化税收征管方式，改进纳税服务，创新税收增值服务等，以增强税收遵从的正向激励，激发纳税人依法纳税的内在动机。

企业是市场中的企业，人是社会中的人。企业的纳税决策实际上是企业的决策者基于企业的经济状况、面临的各种激励约束、决策者自身的风险偏好和价值，所进行的理性或非理性选择。企业或企业决策者的行为选择都不是外生的，其行为选择不可避免地受其所处的制度环境的影响。企业所处的非税制制度环境，如营商环境、信贷和资本市场、市场竞争和秩序、地区间竞争、财政制度、环境政策、法治环境、用工和分配制度等，会通过特定的渠道改变企业面临的激励和约束，进而影响企业的纳税选择和税收遵从决策。探究制度环境对企业税收遵从的影响，在于理解企业税收遵从的内在逻辑、各项制度内在的激励效应，这不仅有利于提升企业税收遵从，还有利于持续完善中国式市场经济体制，推进国家治理体系和治理能力现代化，进而促进更高质量、更有效率、更加公平、更可持续的发展，实现中国式现代化。

参考文献

[1] Abraham M, Lorek K, Richter F, et al. Collusive tax evasion and social norms[J]. International Tax and Public Finance, 2017, 24(2): 179 - 197.

[2] Aggarwal R, Erel I, Ferreira M, et al. Does Governance Travel Around the World? Evidence from Institutional Investors[J]. Journal of Financial Economics, 2011, 100(1): 154 - 181.

[3] Agha A, Haughton J. Designing VAT systems: Some efficiency considerations[J]. The Review of Economics and Statistics, 1996: 303 - 308.

[4] Akcigit U, Grigsby J, Nicholas T, et al. Taxation and Innovation in the 20th Century[R]. National Bureau of Economic Research, 2018.

[5] Allingham M G, Sandmo A. Income tax evasion: A theoretical analysis[J]. Journal of public economics, 1972, 1(3 - 4): 323 - 338.

[6] Alm J and Torgler B. Culture differences and tax morale in the United States and in Europe[J]. Journal of economic psychology, 2006, 27(2): 224 - 246.

[7] Alm J, Jackson B and McKee M. Institutional uncertainty and taxpayer compliance. The American Economic Review[J], 1992, 82(4): 1018 - 1026.

[8] Alm J, Cherry T, Jones M, et al. Taxpayer Information Assistance Services and Tax Compliance Behavior[J]. Journal of Economic Psychology, 2010, 31(4): 577 - 586.

[9] Alm J Sanchez I and De J A. Economic and Noneconomic Factors in Tax Compliance[J]. Kyklos, 1995, 48(1): 3 - 18.

[10] Almunia M, Lopez - Rodriguez D. Under the radar: The effects of monitoring firms on tax compliance[J]. American Economic Journal: Economic Policy, 2018, 10(1): 1 - 38.

[11] Al - Nowaihi A and Pyle D. Income tax evasion: a theoretical analysis[J]. The Economics of Crime and Tax Fraud, Aldershot, Ashgate, 2000: 249 - 266.

[12] Amiram D, Frank M M. Foreign portfolio investment and shareholder dividend taxes[J]. The Accounting Review, 2016, 91(3): 717 - 740.

[13] Andrews - Speed P. China's ongoing energy efficiency drive: Origins, progress and pros-

pects[J]. Energy policy,2009,37(4):1331 – 1344.

[14]Asatryan Z,Peichl A. Responses of firms to tax,administrative and accounting rules:Evidence from Armenia[J]. Administrative and Accounting Rules:Evidence from Armenia (November 28,2017),2017.

[15]Asgarzade G G. Tax Competition in Switzerland[J]. Academic Journal of Economic Studies,2017,3(4):62 – 67.

[16]Bae K H,Ozoguz A,Tan H,et al. Wirjanto. Do Foreigners Facilitate Information Transmission in Emerging Markets? [J]. Journal of Financial Economics,2012,105 (1):209 – 227.

[17]Beck T,Levine R,Levkov A. Big bad banks? The winners and losers from bank deregulation in the United States[J]. The Journal of Finance,2010,65(5):1637 – 1667.

[18]Becker,Gary S. Crime and Punishment:An Economic Approach[J]. Journal of Political Economy,1968,76(2):169 – 217.

[19]Benjamini Y and Maital S. Optimal tax evasion policy:behavioral aspects[J]. in Gaertner,W. Wenig,A. ,eds:The Economics of the Shadow Economy,Springer – Verlag,Berlin,1985:140 – 158.

[20]Bérgolo M,Ceni R,Cruces G A,et al. Policy implications of suboptimal choice:theory and evidence:misperceptions about tax audits[J]. 2018.

[21]Bertrand M,Mullainathan S. Enjoying the Quiet Life? Corporate Governance and Managerial Preferences[J]. Journal of Political Economy,2003,111(5):1043 – 1075.

[22]Blundell R, Dias M C. Evaluation Methods for Non – Experimental Data[J]. Fiscal Studies,2010,21(4):427 – 468.

[23]Bordignon M. A fairness approach to income tax evasion[J]. Journal of Public Economics,1993,52(3):345 – 362.

[24]Bournakis I,Mallick S,Kernohan D,et al. Measuring firm – level productivity convergence in the UK:the role of taxation and R&D investment[J]. 2013.

[25]Bournakis I,Mallick S. Do corporate taxes harm economic performance? Explaining distortions in R&D – and export – intensive UK firms [J]. Macroeconomic Dynamics,2018 (11):1 – 23.

[26]Buhlmann F,Elsner B,Peichl A. Tax refunds and income manipulation:evidence from the EITC[J]. International Tax and Public Finance,2018,25(6):1490 – 1518.

[27] Cai H, Liu Q. Competition and Corporate Tax Avoidance: Evidence from Chinese Industrial Firms[J]. Economic Journal,2009,119(537):764 – 795.

[28] Carrillo P, Pomeranz D, Singhal M. Dodging the taxman: Firm misreporting and limits to tax enforcement[J]. American Economic Journal: Applied Economics, 2017, 9(2): 144 – 164.

[29] Casanegra de Jantscher M. Administering the VAT[J]. Value added taxation in developing countries, 1990: 171 – 179.

[30] Chan K H, Mo P L L, Zhou A Y. Government ownership, corporate governance and tax aggressiveness: evidence from China[J]. Accounting & Finance, 2013, 53(4): 1029 – 1051.

[31] Chan K H, Lin K Z and Mo P L L. Will a Departure from Tax – Based Accounting Encourage Tax Noncompliance? Archival Evidence from a Transition Economy[J]. Journal of Accounting & Economics, 2010, 50(1): 58 – 73.

[32] Chari A and Henry P B. Risk Sharing and Asset Prices: Evidence from a Natural Experiment[J]. The Journal of Finance, 2004, 59 (3): 1295 – 1324.

[33] Chen S X. The effect of a fiscal squeeze on tax enforcement: Evidence from a natural experiment in China[J]. Journal of Public Economics, 2017, 147: 62 – 76.

[34] Chen X, Hu N, Wang X, et al. Tax Avoidance and Firm Value: Evidence from China [J]. Nankai Business Review International, 2014, 5(1): 25 – 42.

[35] Chen Y, Huang J, Liu H, et al. Regional Favoritism and Tax Avoidance: Evidence from China[J]. Accounting and Finance, 2019, 58(5): 1413 – 1443.

[36] Cheng H, Nguyen D D, Qi S. Asymmetric Corporate Tax Compliance: Evidence from a Tax Reform in China[J]. Available at SSRN 3149271, 2017.

[37] Chetty R. Looney A. and Kroft K. Salience and Taxation: Theory and Evidence[J]. American Economic Review, 2009, 99(5): 1145 – 1177.

[38] Christensen K, Cline R, Neubig T. Total Corporate Taxation: "Hidden," Above—the—Line, Non—Income Taxes[J]. National Tax Journal, 2001, 54(3): 495 – 506.

[39] Clotfelter C T. Tax evasion and tax rates: An analysis of individual returns[J]. The review of economics and statistics, 1983: 363 – 373.

[40] Cx A Ys B. Information system and corporate income tax enforcement: Evidence from China – ScienceDirect[J]. Journal of Accounting and Public Policy, 2020, 39(6).

[41] De Mello L. Avoiding the value added tax: Theory and cross – country evidence[J]. Public Finance Review, 2009, 37(1): 27 – 46.

[42] De Paula A, Scheinkman J A. Value – added taxes, chain effects, and informality[J]. American Economic Journal: Macroeconomics, 2010, 2(4): 195 – 221.

[43] Desai M A, Dharmapala D. Corporate tax avoidance and high – powered incentives[J].

Journal of financial Economics,2006,79(1):145-179.

[44]Ding H,Fan H,Lin S. Connect to trade[J]. Journal of International Economics,2018,110:50-62.

[45]Dwenger N. Kleven H. Rasul I. Rincke J. Extrinsic and Intrinsic Motivations for Tax Compliance:Evidence from a Field Experiment in Germany[J]. American Economic Journal:Economic Policy,2016,8(3):203-232.

[46]Dyreng S D,Hanlon M and Maydew E L. Long-Run Corporate Tax Avoidance[J]. The Accounting Review,2008,83(1):61-82.

[47]Edwards A,Schwab C,Shevlin T. Financial constraints and cash tax savings[J]. The Accounting Review,2015,91(3):859-881.

[48]Fama E F,Jensen M C. Agency problems and residual claims[J]. The journal of law and Economics,1983,26(2):327-349.

[49]Feinstein J S. An econometric analysis of income tax evasion and its detection[J]. The RAND Journal of Economics,1991:14-35.

[50]Findlay R E,Wellisz S H. Tax-collection costs,public welfare and the predatory state[J]. Columbia University Department of Economics Discussion Paper 2003,No. 0304-02.

[51]Fisman R,Wei S J. Tax rates and tax evasion:evidence from "missing imports" in China[J]. Journal of political Economy,2004,112(2):471-496.

[52]Frank M M,Lynch L J,Rego S O. Tax reporting aggressiveness and its relation to aggressive financial reporting[J]. The accounting review,2009,84(2):467-496.

[53]Gallego F and Loayza N. Financial Structure in Chile:Macroeconomic Developments and Microeconomic Effects[J]. Economia Chilena,2000,3(2):5-30.

[54]Giesecke J,Tran N H. A general framework for measuring VAT compliance rates[J]. Applied Economics,2012,44(15):1867-1889.

[55]Gomes A. Going Public without Governance:Managerial Reputation Effects[J]. Journal of Finance,2000,55(2):615-646.

[56]Grinblatt M and Keloharju M. The Investment Behavior and Performance of Various Investor Types:a Study of Finland's Unique Data Set[J]. Journal of Financial Economics,2000,55(1):43-67.

[57]Guedhami O,Pittman J A,Saffar W. Auditor choice in politically connected firms[J]. Journal of accounting research,2014,52(1):107-162.

[58]Gupta S,Newberry K. Determinants of the variability in corporate effective tax rates:Evi-

dence from longitudinal data[J]. Journal of accounting and public policy, 1997, 16(1): 1-34.

[59] Hadiwijaya H and Febrianty F. The Effect of Service Quality and Tax Sanctions on Service Satisfaction[J]. Etikonomi, 2019, 18(2): 197-208.

[60] Heyman F, Sjöholm F and Tingvall P G. Is there Really a Foreign Ownership Wage Premium? Evidence from Matched Employer-Employee Data[J]. Journal of International Economics, 2007, 73(2): 355-376.

[61] Hindriks J, Myles G D. Intermediate public economics[M]. MIT press, 2006.

[62] Ho S J, Mallick S K. The impact of information technology on the banking industry[J]. Journal of the Operational Research Society, 2010, 61(2): 211-221.

[63] Hoi C K, Wu Q, Zhang H. Is corporate social responsibility (CSR) associated with tax avoidance? Evidence from irresponsible CSR activities[J]. The accounting review, 2013, 88(6): 2025-2059.

[64] IMF. Current Challenges in Revenue Mobilization: Improving Tax Compliance[R]. Washington, DC: International Monetary Fund, 2015.

[65] Ikin C, Tran A. Corporate tax strategy in the Australian dividend imputation system[C]. Australian Tax Forum. 2013, 28(3): 523-553.

[66] Illicit Activity: The Economics of Crime, Drugs and Tax Fraud: The Economics of Crime, Drugs and Tax Fraud[M]. Routledge, 2018.

[67] Jia J, Ding S and Liu Y. Decentralization, Incentives and Local Tax Enforcement[J]. Journal of Urban Economics, 2019, 115: 103225.

[68] Jiang L, Levine R and Lin C. Competition and Bank Opacity[J]. The Review of Financial Studies, 2016, 29(7): 1911-1942.

[69] Joulfaian D. Corporate income tax evasion and managerial preferences[J]. Review of Economics and Statistics, 2000, 82(4): 698-701.

[70] Keen M, Lockwood B. The value added tax: Its causes and consequences[J]. Journal of Development Economics, 2010, 92(2): 138-151.

[71] Keen M, Smith S. VAT fraud and evasion: What do we know and what can be done? [J]. National Tax Journal, 2006, 59(4): 861-887.

[72] Keen M. VAT, tariffs, and withholding: Border taxes and informality in developing countries[J]. Journal of Public Economics, 2008, 92(10-11): 1892-1906.

[73] Kerr J N. Transparency, Information Shocks, and Tax Avoidance[J]. Contemporary Accounting Research, 2019, 36(2): 1146-1183.

[74] Kim C, Zhang L. Corporate political connections and tax aggressiveness[J]. Contemporary Accounting Research, 2016, 33(1): 78 – 114.

[75] Klepper S, Nagin D. The anatomy of tax evasion[J]. JL Econ. & Org., 1989, 5(1): 1 – 24.

[76] Kleven H J, Knudsen M B, Kreiner C T, et al. Unwilling or Unable to Cheat? Evidence from a Tax Audit Experiment in Denmark[J]. Econometrica, 2011, 79(3): 651 – 692.

[77] Kleven H J, Kreiner C T, Saez E. Why can modern governments tax so much? An agency model of firms as fiscal intermediaries[J]. Economica, 2016, 83(330): 219 – 246.

[78] Kopczuk W, Slemrod J. Putting firms into optimal tax theory[J]. American Economic Review, 2006, 96(2): 130 – 134.

[79] Lanis R. Richardson G. Is Corporate Social Responsibility Performance Associated with Tax Avoidance? [J]. Journal of Business Ethics, 2015, 127(2): 439 – 457.

[80] Law K K and Mills F. Taxes and Financial Constraints: Evidence from Linguistic Cues [J]. Journal of Accounting Research, 2015, 53(4): 777 – 819.

[81] Lazear E P, Rosen S. Rank – order tournaments as optimum labor contracts[J]. Journal of political Economy, 1981, 89(5): 841 – 864.

[82] Lee K. Tax evasion, monopoly, and nonneutral profit taxes[J]. National Tax Journal, 1998, 51(2): 333 – 338.

[83] Lee N. Can territorial tax compliance systems reduce the tax avoidance of firms with operations in tax havens? [J]. Emerging Markets Finance and Trade, 2017, 53(4): 968 – 985.

[84] Li H, Meng L, Wang Q, et al. Political connections, financing and firm performance: Evidence from Chinese private firms[J]. Journal of development economics, 2008, 87(2): 283 – 299.

[85] Li J, Wang X. Does VAT have Higher Tax Compliance Than a Turnover Tax? Evidence from China [J]. International Tax and Public Finance, 2020, 27(2): 280 – 311.

[86] Li L, Ma G. Government Size and Tax Evasion: Evidence from China[J]. Pacific Economic Review, 2015, 20(2): 346 – 364.

[87] Li P, Lu Y, Wang J. Does flattening government improve economic performance? Evidence from China[J]. Journal of Development Economics, 2016, 123: 18 – 37.

[88] Li J and Wang X. Does VAT have Higher Tax Compliance Than a Turnover Tax? Evidence from China[J]. International Tax and Public Finance, 2020, 27(2): 280 – 311.

[89] Liu L, Lockwood B, Almunia M, et al. VAT notches, voluntary registration, and bunching: Theory and UK evidence[J]. Review of Economics and Statistics, 2021, 103(1): 151 – 164.

[90]Liu Y and Mao J. How do Tax Incentives Affect Investment and Productivity? Firm - Level Evidence from China[J]. American Economic Journal: Economic Policy, 2019, 11(3): 261 - 91.

[91]Mahangila D N. The impact of tax compliance costs on tax compliance behaviour[J]. Journal of Tax Administration, 2017, 3(1): 57 - 81.

[92]Manzon Jr G B, Plesko G A. The relation between financial and tax reporting measures of income[J]. Tax L. Rev., 2001, 55: 175.

[93]Mascagni G, Nell C, Monkam N. One size does not fit all: a field experiment on the drivers of tax compliance and delivery methods in Rwanda[R]. Work Paper, 2017.

[94]McClure R, Lanis R, Govendir B. Investigation into the Petroleum Resource Rent Tax and Debt Loading in Australia - 2012 to 2016[R]. Work Paper, 2017.

[95]Nagin D S, Pogarsky G. An experimental investigation of deterrence: Cheating, self - serving bias, and impulsivity[J]. Criminology, 2003, 41(1): 167 - 194.

[96]Naritomi J. Consumers as tax auditors[J]. American Economic Review, 2019, 109(9): 3031 - 72.

[97]Nygård O E, Slemrod J, Thoresen T O. Distributional implications of joint tax evasion[J]. The Economic Journal, 2019, 129(620): 1894 - 1923.

[98]Oates B W E. An Economic Approach to Federalism In Fiscal Federalism[M]. New York: Harcourt Brace Jovanovich, 1972.

[99]Oecd Publishing. Tax Administration 2017: Comparative Information on OECD and Other Advanced and Emerging Economies[M]. OECD, 2017.

[100]OECD. Consumption Tax Trends 2016: VAT/GST and Excise Rates, Trends and Policy Issues[M]. OECD Publishing, 2016.

[101]Ogawa H, Wang W. Asymmetric tax competition and fiscal equalization in a repeated game setting[J]. International Review of Economics & Finance, 2016, 41: 1 - 10.

[102]Onji K. The response of firms to eligibility thresholds: Evidence from the Japanese value - added tax[J]. Journal of Public Economics, 2009, 93(5 - 6): 766 - 775.

[103]Pomeranz D. No Taxation without Information: Deterrence and Self - enforcement in the Value added tax[J]. American Economic Review, 2015, 105(8): 2539 - 2569.

[104]Pomeranz D, Vila - Belda José. Taking state - capacity research to the field: insights from collaborations with tax authorities[J]. Annual. Review of Economics, 2019. 11: 755 - 781.

[105]Pommerehne W W, Weck - Hannemann H. Tax rates, tax administration and income

tax evasion in Switzerland[J]. Public choice, 1996, 88(1): 161-170.

[106] Porcano T. Corporate tax rates: Progressive, proportional, or regressive[J]. Journal of the american taxation Association, 1986, 7(2): 17-31.

[107] Qian Y, Weingast B R. Federalism as a commitment to reserving market incentives[J]. Journal of Economic perspectives, 1997, 11(4): 83-92.

[108] Richardson G, Wang B, Zhang X. Ownership structure and corporate tax avoidance: Evidence from publicly listed private firms in China[J]. Journal of Contemporary Accounting & Economics, 2016, 12(2): 141-158.

[109] Robbins B and Kiser E. Legitimate Authorities and Rational Taxpayers: An Investigation of Voluntary Compliance and Method Effects in a Survey Experiment of Income Tax Evasion[J]. Rationality and Society, 2018, 30(2): 247-301.

[110] R Richardson G, Wang B, Zhang X. Ownership structure and corporate tax avoidance: Evidence from publicly listed private firms in China[J]. Journal of Contemporary Accounting & Economics, 2016, 12(2): 141-158.

[111] Saez E, Zucman G. The triumph of injustice: How the rich dodge taxes and how to make them pay[M]. WW Norton & Company, 2019.

[112] Shaw J, Slemrod J, Whiting J. Administration and compliance[J]. Dimensions of Tax Design. The Mirrlees Review. Oxford University Press, 2010: 1100-1162.

[113] Shen S Y, Krever R. China's VAT reform: experiences and lessons learned[J]. International VAT Monitor, 2017, 28(2): 147-153.

[114] Sims T S and Sunley E M. Taxes and Business Strategy: A Planning Approach[J]. National Tax Journal, 1992, 45(4): 451-455.

[115] Slemrod J, Blumenthal M, Christian C. Taxpayer response to an increased probability of audit: evidence from a controlled experiment in Minnesota[J]. Journal of public economics, 2001, 79(3): 455-483.

[116] Slemrod J, Gillitzer C. Tax systems[M]. Cambridge, MA: MIT Press, 2014.

[117] Slemrod J, Rehman O U, Waseem M. Pecuniary and non-pecuniary motivations for tax compliance: Evidence from Pakistan[R]. National Bureau of Economic Research, 2019.

[118] Slemrod J, Yitzhaki S. Tax avoidance, evasion, and administration[M]. Handbook of public economics. Elsevier, 2002, 3: 1423-1470.

[119] Slemrod J. Cheating ourselves: The economics of tax evasion[J]. Journal of Economic perspectives, 2007, 21(1): 25-48.

[120]Slemrod J. Does it matter who writes the check to the government? The economics of tax remittance[J]. National Tax Journal,2008,61(2):251 –275.

[121]Slemrod J. Fixing the leak in Okun's bucket optimal tax progressivity when avoidance can be controlled[J]. Journal of Public Economics,1994,55(1):41 –51.

[122]Slemrod J. Optimal taxation and optimal tax systems[J]. Journal of economic Perspectives,1990,4(1):157 –178.

[123]Slemrod J, Collins B, Hoopes J L, et al. Does Credit – Card Information Reporting Improve Small – Business Tax Compliance? [J]. Journal of Public Economics, 2017, 149 (5):1 –19.

[124]Slemrod, J. Tax Compliance and Enforcement[J]. Journal of Economic Literature, 2019,57(4):904 –954.

[125]Srinivasan T N. Tax evasion:A model[J]. Journal of Public Economics,1973,2(4): 339 –346.

[126]Slemrod J, Yitzhaki S. Tax avoidance, evasion, and administration[M]. Handbook of public economics. Elsevier,2002,3:1423 –1470.

[127]Sukesi S, Yunaidah I. The Effect of Tax Socialization, Superior Service, and Service Quality on Taxpayers' Satisfaction and Compliance [J]. Journal of Economics Business and Accountancy Ventura,2020,22(3).

[128]Tang T, Mo P L L and Chan K H. Tax Collector or Tax Avoider? An Investigation of Intergovernmental Agency Conflicts[J]. The Accounting Review,2016,92(2):247 –270.

[129]Taylor G, Al – Hadi A, Richardson G, et al. Is there a relation between labor investment inefficiency and corporate tax avoidance? [J]. Economic Modelling,2019,82:185 –201.

[130]Tiebout C M. A Pure Theory of Local Expenditures [J]. Journal of Political Economy. 1956,64(5):416 –424.

[131]Torgler B. Speaking to theorists and searching for facts:Tax morale and tax compliance in experiments[J]. Journal of Economic Surveys,2002,16(5):657 –683.

[132]Waseem M. Information, asymmetric incentives, or withholding? understanding the self – enforcement of value – added tax[J]. Understanding the Self – Enforcement of Value – Added Tax (March 19,2019),2019.

[133]Weisbach D. Ten truths about tax shelters[J]. Tax Law Review,2002,55:215 –253.

[134]Wilkinson B R, Cahan S F, Jones G. Strategies and dividend imputation: the effect of foreign and domestic ownership on average effective tax rates[J]. Journal of international account-

ing, auditing and taxation, 2001, 10(2): 157 - 175.

[135] Williamson O E. Corporate Finance and Corporate Governance [J]. Journal of Finance, 1988, 43(3): 567 - 591.

[136] Wilson John D. A Theory of Interregional Tax Competition [J]. Journal of Urban Economics, 1986, 19(3): 296 - 315.

[137] Wilson R J. An Examination of Corporate Tax Shelter Participants [J]. The Accounting Review, 2009, 84 (3): 969 - 999.

[138] Wu W, Rui O M, Wu C. Institutional environment, ownership and firm taxation: Evidence from China [J]. Economics of Transition, 2013, 21(1): 17 - 51.

[139] Xia C, Cao C, Chan K C. Social trust environment and firm tax avoidance: Evidence from China [J]. The North American Journal of Economics and Finance, 2017, 42: 374 - 392.

[140] Zhang H, Li W, Jian M. How does state ownership affect tax avoidance? Evidence from China [J]. Singapore Management University, School of Accountancy, 2012: 13 - 18.

[141] Zimmerman J L. Taxes and firm size [J]. Journal of accounting and economics, 1983, 5: 119 - 149.

[142] Zodrow G R, Mieszkowski P. Pigou, Tiebout, property taxation, and the underprovision of local public goods [M]. TAXATION IN THEORY AND PRACTICE: Selected Essays of George R. Zodrow. 1986: 525 - 542.

[143]蔡地,罗进辉. CEO类型影响家族企业的税收激进程度吗? [J]. 经济管理, 2015, 37(09): 63 - 72.

[144]蔡宏标,饶品贵. 机构投资者、税收征管与企业避税[J]. 会计研究, 2015(10): 59 - 65 + 97.

[145]蔡蕾,苏文兵,李心合. 税率调整、公司避税与企业价值的关系研究——基于2008年企业所得税改革的经验证据[J]. 当代财经, 2017(06): 120 - 132.

[146]曹越,王琼琼. 东道国税率、企业避税与跨国企业创新[J]. 财经研究, 2021, 47(06): 47 - 60.

[147]曾亚敏,张俊生. 税收征管能够发挥公司治理功用吗? [J]. 管理世界, 2009(03): 143 - 151 + 158.

[148]陈德球,陈运森,董志勇. 政策不确定性、税收征管强度与企业税收规避[J]. 管理世界, 2016(05): 151 - 163.

[149]陈冬,孔墨奇,王红建. 投我以桃,报之以李:经济周期与国企避税[J]. 管理世界, 2016(05): 46 - 63.

[150]陈冬,唐建新.高管薪酬、避税寻租与会计信息披露[J].经济管理,2012,34(05):114-122.

[151]陈军梅.税收征管、内部控制质量与公司避税[J].税务与经济,2014(06):68-75.

[152]陈骏,徐玉德.内部控制与企业避税行[J].审计研究,2015(03):100-107.

[153]陈作华,方红星.融资约束、内部控制与企业避税[J].管理科学,2018,31(03):125-139.

[154]程利敏,唐建新,徐飞,陈冬.资本市场开放与上市公司资本结构调整——基于陆港通的实验检验[J].国际金融研究,2019(10):86-96.

[155]储德银,费冒盛,黄暄.地方政府竞争、税收努力与经济高质量发展[J].财政研究,2020(08):55-69.

[156]代彬,彭程,刘星.高管控制权、审计监督与激进避税行为[J].经济管理,2016,38(03):67-79.

[157]邓博夫,刘佳伟,吉利.政府补助是否会影响企业避税行为?[J].财经研究,2019,45(01):109-121.

[158]邓川,孙金金.QFII持股、产权性质与企业融资约束[J].管理世界,2014(05):180-181.

[159]邓悦,郑汉林,郅若平.放管服”改革对企业经营绩效的影响——来自中国企业—劳动力匹配调查(CEES)的经验证据[J].改革,2019(08):128-139.

[160]杜兴强,陈韫慧,杜颖洁.寻租、政治联系与“真实”业绩——基于民营上市公司的经验证据[J].金融研究,2010(10):135-157.

[161]樊勇,席晓宇,赵玉亭.增值税纳税遵从管理:一个分析框架与实证检验[J].税务研究,2018(09):94-100.

[162]樊勇,朱沁瑶,李昊楠.第三方信息、税收遵从与国际税收竞争[J].世界经济,2022,45(04):107-133.

[163]范子英,田彬彬.税收竞争、税收执法与企业避税[J].经济研究,2013,48(09):99-111.

[164]范子英,赵仁杰.财政职权、征税努力与企业税负[J].经济研究,2020,55(04):101-117.

[165]冯曦明,张仁杰.税收竞争与地方政府债务风险:“把薪助火”抑或“遇事掣肘”?[J].财政科学,2021(10):32-48.

[166]付文林,耿强.税收竞争、经济集聚与地区投资行为[J].经济学(季刊),2011,10(04):1329-1348.

[167]高芳.公司治理、管理者代理问题与财务重述研究[J].南开管理评论,2016,19(03):168-177.

[168]关爱萍,胡期,牛召.税收竞争对区域产业转移的影响研究——基于中国省际面板数据的经验分析[J].税务研究,2017(09):34-39.

[169]郭杰,李涛.中国地方政府间税收竞争研究——基于中国省级面板数据的经验证据[J].管理世界,2009(11):54-64+73.

[170]郭阳生,沈烈,郭枚香.沪港通改善了上市公司信息环境吗?——基于分析师关注度的视角[J].证券市场导报,2018(10):35-43+50.

[171]何晴,郭捷.纳税服务、纳税人满意度与税收遵从——基于结构方程模型的经验证据[J].税务研究,2019(09):94-100.

[172]黄群慧,李春琦.报酬、声誉与经营者长期化行为的激励[J].中国工业经济,2001(01):58-63.

[173]黄蓉,易阳,宋顺林.税率差异、关联交易与企业价值[J].会计研究,2013(08):47-53+97.

[174]贾俊雪,应世为.财政分权与企业税收激励——基于地方政府竞争视角的分析[J].中国工业经济,2016(10):23-39.

[175]江轩宇.税收征管、税收激进与股价崩盘风险[J].南开管理评论,2013,16(05):152-160.

[176]蒋建湘,李沫.治理理念下的柔性监管论[J].法学,2013(10):29-37.

[177]解洪涛.中国税收征管能力变迁——1990年代以来税收征管制度改革及其效果检验[J].中国软科学,2017(04):14-24.

[178]金祥荣,李旭超,鲁建坤.僵尸企业的负外部性:税负竞争与正常企业逃税[J].经济研究,2019,54(12):70-85.

[179]鞠晓生,卢荻,虞义华.融资约束、营运资本管理与企业创新可持续性[J].经济研究,2013,48(01):4-16.

[180]雷根强,何惠敏.产业集聚对我国区域税收竞争的影响——对我国省际面板数据的检验[J].税务研究,2009(09):26-30.

[181]雷根强,沈峰.简论税收遵从成本[J].税务研究,2002(07):41-43.

[182]李成,吴育辉,胡文骏.董事会内部联结、税收规避与企业价值[J].会计研究,2016(07):50-57+97.

[183]李冬妍.税收遵从成本对纳税遵从行为的影响[J].涉外税务,2007(09):22-25.

[184]李广众,贾凡胜.政府财政激励、税收征管动机与企业盈余管理——以财政“省

直管县”改革为自然实验的研究[J]. 金融研究,2019(02):78－97.

[185]李昊楠. 预缴退税、融资约束与纳税遵从[J]. 财经研究,2020,46(09):48－62.

[186]李纪明,方芳. 资本市场改革与公司治理变迁——QFII 制度对我国上市公司治理的影响分析[J]. 浙江社会科学,2005(03):70－73.

[187]李建军,范源源. 光环之下:纳税声誉能否提升企业税收遵从[J]. 当代财经,2020(08):28－40.

[188]李建军,范源源. 信用如金:纳税信用评级披露与股价崩盘风险[J]. 当代经济科学,2021,43(01):58－66.

[189]李建军,冯黎明,尧艳. 论完善现代税收制度[J]. 税务研究,2021(06):39－44.

[190]李建军,苏明萃. 现代财政制度下的税收特征——税收“三性”释义[J]. 税务研究,2015,360(02):28－31.

[191]李建军. 现代财政制度下的税收职能探析[J]. 税务研究,2016,372(01):26－31.

[192]李建军. 中国税收征管效率实证研究[M]. 成都:四川大学出版社,2015.

[193]李兰冰,商圆月,阎丽. 行政审批制度改革、制度成本与民营企业成长[J]. 经济与管理研究,2021,42(05):29－49.

[194]李林木,于海峰,汪冲,等. 赏罚机制、税收遵从与企业绩效——基于纳税信用管理制度的研究[J]. 经济研究,2020,55(06):89－104.

[195]李青原,陈世来. 企业上市与税收规避[J]. 世界经济,2021,44(11):169－193.

[196]李涛,黄纯纯,周业安. 税收、税收竞争与中国经济增长[J]. 世界经济,2011,34(04):22－41.

[197]李文,胡菲菲. 我国地方政府间税收竞争存在性及竞争程度的实证分析[J]. 税务与经济,2013(02):68－72.

[198]李艳,杨婉昕,陈斌开. 税收征管、税负水平与税负公平[J]. 中国工业经济,2020(11):24－41.

[199]李子豪,毛军. 地方政府税收竞争、产业结构调整与中国区域绿色发展[J]. 财贸经济,2018,39(12):142－157.

[200]连立帅,朱松,陈超. 资本市场开放与股价对企业投资的引导作用:基于沪港通交易制度的经验证据[J]. 中国工业经济,2019(03):100－118.

[201]廖福崇. 审批制度改革优化了城市营商环境吗?——基于民营企业家“忙里又忙外”的实证分析[J]. 公共管理学报,2020,17(01):47－58.

[202]廖歆欣,刘运国. 企业避税、信息不对称与管理层在职消费[J]. 南开管理评论,2016,19(02):87－99.

[203]刘华,阳尧,邱伊莎.国外纳税遵从研究动态[J].涉外税务,2008(12):33-36.

[204]刘慧龙,吴联生.制度环境、所有权性质与企业实际税率[J].管理世界,2014(04):42-52.

[205]刘清杰,任德孝,刘倩.中国地区间税收竞争及其影响因素研究——来自动态空间杜宾模型的经验证据[J].财经论丛,2019(01):21-30.

[206]刘清杰,任德孝.中国地区间税收竞争刺激经济增长了吗[J].广东财经大学学报,2017,32(04):92-103.

[207]刘蓉,颜小玲.我国政府间税收竞争的形成条件、框架及其规范[J].税务研究,2005(05):7-10.

[208]刘欣华,吕萨萨.管理者特征对上市公司避税行为的影响[J].北京工商大学学报(社会科学版),2015,30(04):49-57.

[209]刘行,叶康涛.企业的避税活动会影响投资效率吗?[J].会计研究,2013(06):47-53+96.

[210]刘行,赵晓阳.最低工资标准的上涨是否会加剧企业避税?[J].经济研究,2019(10):121-135.

[211]刘怡,刘维刚.税收分享、征税努力与地方公共支出行为——基于全国县级面板数据的研究[J].财贸经济,2015(06):32-44.

[212]龙小宁,朱艳丽,蔡伟贤,李少民.基于空间计量模型的中国县级政府间税收竞争的实证分析[J].经济研究,2014,49(08):41-53.

[213]卢洪友,张楠.地方政府换届、税收征管与税收激进[J].经济管理,2016,38(02):160-168.

[214]路春城,武嘉盟.地方税收竞争促进了经济增长吗?——基于中国省级政府面板数据的门槛回归分析[J].公共财政研究,2019(01):17-35.

[215]罗党论,魏翥.政治关联与民营企业避税行为研究——来自中国上市公司的经验证据[J].南方经济,2012(11):29-39.

[216]罗宏,陈小运.资本市场对外开放促进公司创新了吗——基于"沪港通"交易制度的经验证据[J].当代财经,2020(08):66-77.

[217]吕冰洋,郭庆旺.中国税收高速增长的源泉:税收能力和税收努力框架下的解释.中国社会科学,2011(02):76-90+221-222.

[218]吕冰洋,马光荣,毛捷.分税与税率:从政府到企业[J].经济研究,2016,51(07):13-28.

[219]马光荣,李力行.政府规模、地方治理与企业逃税[J].世界经济,2012,35(06):

93 – 114.

[220]毛德凤,刘华. 营改增对企业纳税遵从的影响[J]. 税务研究,2017(07):18 – 24.

[221]毛捷,曹婧,刘玎倩. 信息完备与税收遵从[J]. 世界经济,2022,45(06):87 – 111.

[222]潘丽文,万欣荣. 新时代"美好生活"话语的生成逻辑及其实质意蕴[J]. 江西财经大学学报,2019(01):3 – 12.

[223]彭馨,蒋为. 税收竞争与出口产品质量:企业迁移还是效率提升?[J]. 经济评论,2021(03):126 – 144.

[224]彭馨. 税收竞争、地区生产率增长与异质性企业出口[J]. 经济科学,2019(04):18 – 30.

[225]蒲龙,杨高举. 地方政府间税收竞争会诱发过度投资吗[J]. 经济理论与经济管理,2020(04):69 – 81.

[226]钱金保,才国伟. 地方政府的税收竞争和标杆竞争——基于地市级数据的实证研究[J]. 经济学(季刊),2017,16(03):1097 – 1118.

[227]乔尔·斯莱姆,罗德克里斯汀·吉里泽尔. 税制分析[M]. 李建军,岳媛媛,刘元生,译. 上海:格致出版社,2019.

[228]曲红宝. 税收征管、纳税遵从与企业贿赂——一个遵从成本视角的分析[J]. 中央财经大学学报,2018(06):11 – 21.

[229]任德孝,刘清杰. 集聚经济、税收竞争与资本投资[J]. 财经论丛,2017(07):29 – 38.

[230]阮家福. 论我国税收不遵从的现状、成因与对策[J]. 当代财经,2005(01):30 – 34.

[231]申嫦娥,史海霞. 地方政府税收竞争对民营企业投资效率的影响[J]. 当代经济研究,2021(02):85 – 95.

[232]沈坤荣,付文林. 税收竞争、地区博弈及其增长绩效[J]. 经济研究,2006(06):16 – 26.

[233]孙涂蔚,骆南峰,石伟,李弘扬. 企业高声誉的负面效应的心理学机制[J]. 心理科学进展,2020(01):1 – 13.

[234]孙雪娇,翟淑萍,于苏. 柔性税收征管能否缓解企业融资约束——来自纳税信用评级披露自然实验的证据[J]. 中国工业经济,2019(03):81 – 99.

[235]孙雪娇,范润,翟淑萍. 社保费征管体制改革如何影响企业避税——来自社保费征管部门转换的准自然实验证据[J]. 上海财经大学学报,2021,23(02):76 – 92.

[236]汤晓建,张俊生,林斌. 税收征管规范化降低了企业避税程度吗?——基于税务行政处罚裁量基准的准自然实验[J]. 财经研究,2021,47(06):19 – 32.

[237]唐飞鹏. 地方税收竞争、企业利润与门槛效应[J]. 中国工业经济,2017(07):99 – 117.

[238]田彬彬,范子英.税收分成、税收努力与企业逃税——来自所得税分享改革的证据[J].管理世界,2016(12):36-46+59.

[239]田彬彬,范子英.征纳合谋、寻租与企业逃税[J].经济研究,2018,53(05):118-131.

[240]田彬彬,邢思敏.税收道德对中国企业逃税的影响——来自世界价值观调查(WVS)的经验证据[J].税务研究,2017(10):84-89.

[241]田彬彬,杨健鹏,汪丹,等.第三方信息获取与税收征管效率:来自有奖发票推行的证据[J].世界经济,2021,44(09):103-124.

[242]田利辉,王可第.社会责任信息披露的"掩饰效应"和上市公司崩盘风险——来自中国股票市场的DID-PSM分析[J].管理世界,2017(11):146-157.

[243]王凤荣,苗妙.税收竞争、区域环境与资本跨区流动——基于企业异地并购视角的实证研究[J].经济研究,2015,50(02):16-30.

[244]王佳杰,童锦治,李星.税收竞争、财政支出压力与地方非税收入增长[J].财贸经济,2014(05):27-38.

[245]王景峰,田虹,李文超.企业社会责任与税收激进:"正义信号"还是"掩饰工具"?[J].税务与经济,2022,242(03):50-59.

[246]王亮亮.金融危机冲击、融资约束与公司避税[J].南开管理评论,2016,19(01):155-168.

[247]王亮亮.税制改革与利润跨期转移——基于"账税差异"的检验[J].管理世界,2014(11):105-118.

[248]王瑞雪.政府规制中的信用工具研究[J].中国法学,2017(04):158-173.

[249]王雄.审计委员会能抑制企业避税吗?[J].财经问题研究,2018(03):109-115.

[250]王秀丽,齐荻.资本市场开放提高企业投资效率了吗——基于"陆港通"的多期双重差分法实验证据[J].国际商务(对外经济贸易大学学报),2019(06):92-106.

[251]王永培,晏维龙.产业集聚的避税效应——来自中国制造业企业的经验证据[J].中国工业经济,2014(12):57-69.

[252]王跃堂,王亮亮,贡彩萍.所得税改革、盈余管理及其经济后果[J].经济研究,2009,44(03):86-98.

[253]温忠麟,张雷,侯杰泰,刘红云.中介效应检验程序及其应用[J].心理学报,2004(05):614-620.

[254]吴俊培,王宝顺.我国省际间税收竞争的实证研究[J].当代财经,2012(04):30-40.

[255]吴联生.国有股权、税收优惠与公司税负[J].经济研究,2009,44(10):109-120.

[256]吴旭东,姚巧燕.基于行为经济学视角的税收遵从问题研究[J].财经问题研究,

2011(03):84-89.

[257]吴元元.信息基础、声誉机制与执法优化——食品安全治理的新视野[J].中国社会科学,2012(06):115-133+207-208.

[258]锡德里克·桑福德.成功税制改革的经验与问题(第1卷)成功的税制改革[M].北京:中国人民大学出版社,2001.

[259]谢建,唐国平,项雨柔.管理层能力、产权性质与企业避税[J].江西财经大学学报,2016(02):43-59.

[260]谢乔昕.财政分权、流动性与地区税负[J].税务与经济,2014(05):78-83.

[261]谢欣,李建军.地方税收竞争与经济增长关系实证研究[J].财政研究,2011(01):65-67.

[262]谢贞发,范子英.中国式分税制、中央税收征管权集中与税收竞争[J].经济研究,2015,50(04):92-106.

[263]谢贞发,严瑾,李培.中国式"压力型"财政激励的财源增长效应——基于取消农业税改革的实证研究[J].管理世界,2017(12):46-60.

[264]邢斐,周泰云,李根丽.机构交叉持股能抑制企业避税吗?[J].经济管理,2021,43(05):125-141.

[265]许和连,王海成.简政放权改革会改善企业出口绩效吗?——基于出口退(免)税审批权下放的准自然试验[J].经济研究,2018,53(03):157-170.

[266]许红梅,李春涛.社保费征管与企业避税——来自《社会保险法》实施的准自然实验证据[J].经济研究,2020,55(06):122-137.

[267]许敬轩,王小龙,何振.多维绩效考核、中国式政府竞争与地方税收征管[J].经济研究,2019,54(04):33-48.

[268]许敬轩,张明,徐玲.中国式政府竞争、地方环境治理与企业避税[J].河北经贸大学学报,2019,40(01):60-67+74.

[269]许善达.中国税务信息化回顾与展望[J].电子政务,2009(10):26-33.

[270]许伟,陈斌开.税收激励和企业投资——基于2004~2009年增值税转型的自然实验[J].管理世界,2016(05):9-17.

[271]许文.结合逃税的最优税收理论研究评述[J].税务与经济,2006(04):73-77.

[272]薛菁.税收遵从成本对企业纳税遵从的影响分析——基于企业逃税模型的视角[J].经济与管理,2011,25(02):24-28.

[273]杨得前.自愿税收遵从影响因素的实证分析[J].税务研究,2009(10):74-77.

[274]杨龙见,尹恒.中国县级政府税收竞争研究[J].统计研究,2014,31(06):42-49.

[275]杨胜刚,钟先茜,姚彦铭.资本市场对外开放与企业融资约束——来自沪港通的证据[J].财经理论与实践,2020,41(05):36-43.

[276]杨卫华.我国国内税收竞争的特征及影响[J].税务研究,2017(09):20-24.

[277]叶康涛,侯唯珠,黄铮.中国上市公司避税行为:事实与解释[J].当代会计评论,2018(03):23-46.

[278]叶素云,叶振宇.中国工业企业的区位选择:市场潜力、资源禀赋与税负水平[J].南开经济研究,2012(05):94-110.

[279]于传荣,方军雄,杨棉之.上市公司高管因股价崩盘风险受到惩罚了吗?[J].经济管理,2017,39(12):136-156.

[280]于明涛,潘爱玲.政府竞争水平差异有利于提升企业跨地区并购绩效吗?[J].审计与经济研究,2018,33(02):81-92.

[281]张克中,欧阳洁,李文健.缘何"减税难降负":信息技术、征税能力与企业逃税[J].经济研究,2020,55(03):116-132.

[282]张玲,朱婷婷.税收征管、企业避税与企业投资效率[J].审计与经济研究,2015,30(02):83-92.

[283]张铭洪,张海峰,张睿.融资约束对企业避税行为的异质性影响——来自上市公司的证据[J].税务研究,2018(01):93-99.

[284]张婷婷,张新民,杨道广.产业政策能够抑制企业税收规避吗——基于地方政府产业政策视角[J].会计研究,2021(10):51-68.

[285]张瑶.情报交换协定是否能遏制企业的税基侵蚀和利润转移行为[J].世界经济,2018,41(03):127-146.

[286]张昭,马草原,王爱萍.资本市场开放对企业内部薪酬差距的影响——基于"沪港通"的准自然实验[J].经济管理,2020,42(06):172-191.

[287]张座铭,田彬彬.税务中介组织对企业税收遵从的影响考察[J].税务研究,2020(11):119-124.

[288]钟军委,万道侠.地方政府竞争、资本流动及其空间配置效率[J].经济经纬,2018,35(04):141-149.

[289]钟凯,孙昌玲,王永妍,王化成.资本市场对外开放与股价异质性波动——来自"沪港通"的经验证据[J].金融研究,2018(07):174-192.

[290]钟覃琳,陆正飞.资本市场开放能提高股价信息含量吗?——基于"沪港通"效应的实证检验[J].管理世界,2018,34(01):169-179.

[291]周冬华,尹伊,郑静.分析师跟进、分析师声誉与公司避税程度[J].江西财经大

学学报,2017(06):42－52.

[292]周克清,郭丽.论我国政府间税收竞争的理论基础及现实条件[J].涉外税务,2003(08):13－16.

[293]周克清.我国政府间税收竞争的理论及实践基础[J].财经科学,2003(S1):176－178.

[294]周黎安,刘冲,厉行.税收努力、征税机构与税收增长之谜[J].经济学(季刊),2012,11(01):1－18.

[295]周黎安.晋升博弈中政府官员的激励与合作——兼论我国地方保护主义和重复建设问题长期存在的原因[J].经济研究,2004(06):33－40.

[296]周黎安.中国地方官员的晋升锦标赛模式研究[J].经济研究,2007(07):36－50.

[297]周铭山,张倩倩,杨丹.创业板上市公司创新投入与市场表现:基于公司内外部的视角[J].经济研究,2017(11):135－149.

[298]周全林.政府课税公平的影响因素分析[J].当代财经,2007(09):35－40.

[299]朱琳,伊志宏.资本市场对外开放能够促进企业创新吗？——基于“沪港通”交易制度的经验证据[J].经济管理,2020,42(02):40－57.

[300]邹洋,张瑞君,孟庆斌,侯德帅.资本市场开放能抑制上市公司违规吗？——来自“沪港通”的经验证据[J].中国软科学,2019(08):120－134.